JN270016

世界学校体育サミット

―優れた教科「体育」の創造をめざして―

ICSSPE
編集

日本体育学会学校体育問題検討特別委員会
監訳

株式会社 杏林書院

［監　訳］
日本体育学会学校体育問題検討特別委員会

［翻訳者］

岡出　美則　　筑波大学体育科学系

友添　秀則　　早稲田大学人間科学部

木原成一郎　　広島大学大学院教育学研究科

梅野　圭史　　鳴門教育大学学校教育学部

三木ひろみ　　筑波大学体育科学系

井谷　惠子　　京都教育大学教育学部

仲澤　　眞　　筑波大学体育科学系

德山　薫平　　筑波大学体育科学系

八代　　勉　　筑波大学体育科学系

（翻訳順）

この書籍は，英語版テキストの翻訳である．英語版テキストは，この仕事に関連した公式の出版物であり，翻訳過程で生じた意味上の齟齬の責任は，日本語版の監訳者に帰するものである．

Proseedings：World Summit on Physical Education
Berlin, November 3-5, 1999
Copyright © 2001 by the International Council of Sport Science and Physical Education

序　文

　国際スポーツ科学体育学会連合会（ICSSPE/CIEPSS）を代表し，私は，学校体育の地位と現状に関する世界的規模での調査，世界体育サミットならびに本書の発刊に協力してくださった皆様すべてに謝辞を述べさせていただきたいと思います．

　世界体育サミットは，政策策定者，研究者ならびに体育教師が体育やその関連領域の近年の研究成果を世界中の専門家達と共有する貴重な機会を提供してくれた記念すべきイベントであったといえます．ICSSPEは，国内レベルや国際レベルで活動している研究所や組織の代表者や専門職の皆様すべてに，今後一層の援助を賜ることができればと考えています．そのような援助により，重要な研究成果の報告書の作成やサミットの成功，さらには良質の体育授業の実現に必要な，豊かな情報を満載した出版物の発刊が可能になると考えています．

　ICSSPEとしては，世界的規模での体育に関する調査実施に必要な財政的支援をいただいた国際オリンピック委員会（IOC）にも心から感謝しています．さらに，今回のイベント開催に関わってIOC，ユネスコ，ドイツ常設文部大臣会議から多大の財政的支援をいただけたことに心より感謝しています．さらに，世界保健機構（WHO）が今回のサミット開催の共催者となることを快諾してくださったことにも心より感謝しています．ドイツ全体，あるいは個別州政府の支援，特にドイツ研究・教育省とベルリン教育・青少年・スポーツ省の援助がなければ，そして，連携している組織や国家間組織からの財政的な援助がなければ，国際的なサミットや今回のような出版事業は頓挫していたに違いありません．共通理解に基づき，継続的に行動していくことにより，世界中の至るところで体育の地位や役割を大きく変えていくことができると私達は確信しています．

ICSSPE 会長
Prof. Dr. Gudrun Doll-Tepper

謝　　辞

　1999年11月3日から5日にかけてベルリンで開催された世界体育サミットは，多くの皆様や諸組織の御協力や御尽力によって成功裏に幕を閉じることができました．思い起こせば，ICSSPEが体育の世界で中心的役割を担っている方々や実践家の皆様方に世界体育サミットへの招待状を送付したのは，1998年初頭でした．この試みは，その後を方向付ける重要な契機を生み出しましたが，その試みの発端は，ICSSPEが，体育の地位と現状に関する世界規模での調査から得られた危機的状況に対する認識を共有することが必要だと考えたことにあります．この調査がサミット開催の背景となっています．したがって，私達は，Dr. Ken HardmanとJ. Joe Marshallの多大の努力によって実施されたこの調査の計画に関わってくださったすべての研究者や回答してくださったすべての皆様に心より謝辞を述べさせていただきます．私達は，この調査結果を踏まえた様々なフォローアップ行動がすでに始まっていることも耳にしていますし，この調査結果をめぐる論議を通して地域レベルや国内レベルでのフォローアップ調査が実施されていくように願っています．

　サミットの計画段階や学問的なプログラムの作成に際しては，国際スポーツ教育学委員会（ICSP）のメンバーが，それらを方向づける重要な役割を担ってくださいました．特に，サミット開始前から終了後の現在に至るまでの期間にICSP, ICSSPEならびに体育関係者との共同作業に関わって（ICSSPEの体育，スポーツ，身体活動関係の副会長である）Margaret Talbot女史がなした精力的な貢献なくしては，サミットの開催はあり得ませんでした．

　世界体育サミットでは，体育の存在根拠に関する幅広い視野を提示するとともに，実践上の問題点を浮かび上がらせることができました．この点に関しては，専門的な知識を共有し，共同的な行動実施に向けて必要な論議と計画作成に向けての道を開いてくださったという点で，すべ

てのキーノートスピーカーならびにワークショップの運営に関わって下さったリーダー達に感謝しています。同様に、サミットでの論議において自らの知識や経験を踏まえて発言してくださったすべての参加者やサミットでの論議や成果を方向づけてくださった、サミットの促進者であった Ms. Judy Kent にも謝辞を述べさせていただきます。

国際的なイベント開催の円滑な運営の陰では実に多くの方々が目に見えないところで働いています。3日間のイベントを支えてくださったボランティアや運転手、事務局職員ならびに会議の組織者である DER コンベンションのすべての方々のエネルギー、熱意ならびに円滑な運営にも感謝申し上げます。

さらに、世界体育サミット開催を可能にしてくださったスポンサーの方々の財政的な援助に対しても感謝の念に堪えません。そのような財政的な援助があって初めて、国際的に活躍している専門家や政策策定者ならびに実践家が同じテーブルにつくことが可能になるとともに、世界中の人々の健康や安寧の実現に向けた継続的な取り組みがなされていく道が開かれました。

最後に、本書の出版を通してサミットで得られた豊富な知見を多くの皆様と共有することができれば望外の喜びです。本書の出版は、ドイツの教育・研究省の財政的援助によって可能になりました。この点についても、この場で謝辞を述べさせていただきます。私たちはまた、ベルリンの ICSSPE 事務局で勤務している Christine Melling, Sigrun Schulz ならびに Detlef Dumon による英語版ならびにドイツ語版の編集に対する援助や Claudia Brunath のレイアウト作成に対しても謝辞を述べさせていただきます。

編者　Gudrun Doll-Tepper
　　　Deena Scoretz

日本語版発刊に向けて

ICSSPEは，1999年の世界体育サミット開催を決意しました．その背景には，学校カリキュラム内での体育の授業時数削減に対する世界的な関心の高まりがありました．このようなイベント開催を通してこの状況改善に貢献できる教師のみならず，保護者や政府関係者が抱いている，良質の体育授業の重要性に対する認識を改善できると考えたためです．英語で出版された原版のプロシーディングスは，この「体育の危機」をめぐる論議を収録しているとともに，世界中の教育関係者や体育関係者が今後対応すべき行動の指針を提示しています．

確かに，これが世界共時的な問題であると認めなければならないことは，遺憾なことです．しかし，だからといって，ICSSPEが世界中の人々にその国の言葉でこの点に関する情報を提供する術を持ちあわせていないわけではありません．ですから，世界体育サミットのプロシーディングスの日本語版のための序文を記す機会を与えられたことは，私にとっては望外の喜び以外のなにものでもありません．この機会を借り，今回の翻訳に尽力された筑波大学体育科学系八代勉教授に対して，謝辞を述べさせていただきたいと思います．また，この意義ある翻訳出版の実現にむけて多大の労を尽くされた岡田美則助教授，三木ひろみ講師ならびに日本体育学会にもこの場を借りて謝辞をのべさせていただきたいと思います．

このテキストが日本の体育の地位改善に活用されることを心からお祈りしています．

ICSSPE会長
Prof. Dr. Gudrun Doll-Tepper

監訳者序文

　本書は1999年11月にベルリンで開催された世界体育サミットの報告書を日本体育学会の責任において翻訳したものである．世界体育サミットの簡単な内容については，本書の訳者の一人でもある京都教育大学の井谷教授が月刊誌「体育科教育」において紹介されていたが，具体的な翻訳を企画したのはそれからかなり後のことである．すなわち，ICSSPEのドールテッパー会長より，日本体育学会学校体育問題検討特別委員会の岡出委員に対して日本での翻訳の意向を打診してきたのが2001年11月であった．学会には学校体育問題検討特別委員会という特別組織が設置されており，我が国の今後の学校体育，とりわけ教科の体育に関する今後の方向性を探るという目的を持って活動を行っていたが，活動の一環として本書の翻訳を行うことを決したわけである．

　本書は，世界的な規模での教科体育に関する調査研究の結果と，体育にかかわる諸科学者からの「体育の危機」を克服し「優れた教科」として発展させていくことの重要性を啓発するキーノートレクチャー，さらには関連会議資料から構成されている．我が国においては，必修という制度に守られてこれまでそれなりの位置を得てきた学校体育ではあるが，今後果たしてこれまでの位置を保つことができるのかを危惧する声も聞かれるし，現実に授業時間数の削減という事態は起こっている．体育の授業時間数の減少は体育関係者だけの嘆きとなっている観もある．本書が示すように，体育はこれからの社会においてこれまで以上に重視されるべき極めて重要な教科である，と我々も考えている．だからこそ，体育の「危機」と正対し，優れた実践を通して，「優れた教科」としての位置を獲得していく努力が我が国においてもはじめられなければならない．いや，我が国こそがその実践の先頭を切るべきではないかとさえ感じている．そのような意味では，多くの体育関係者に是非読んでいただきたい．

本書の翻訳作業は，委員会の判断で下記の方々の協力を得て進められた．非常に短い期間でありながら精力的に仕事をしていただいたことに対してお礼を申し上げたい．そして，本書の出版を引き受けていただいた杏林書院ならびに校正の労をいただいた同社の手塚氏に対してもお礼を申し上げたい．もちろん版権料なしで出版の許可をいただいた ICS-SPE に対しても深甚の謝意を表する次第である．

　翻訳作業に携わったメンバー

　井谷惠子（京都教育大学）・梅野圭史（鳴門教育大学）・岡出美則（筑波大学）・木原成一郎（広島大学）・徳山薫平（筑波大学）・友添秀則（早稲田大学）・三木ひろみ（筑波大学）仲澤　眞（筑波大学）・八代勉（筑波大学）（50音順）

日本体育学会　学校体育問題検討特別委員会
委員長　八代　勉

世界学校体育サミット
―優れた教科「体育」の創造をめざして―

目　次

序　文（岡出　美則） i
謝　辞（岡出　美則） ii
日本語版発刊に向けて（岡出　美則） iv
監訳者序文 v

序　論（岡出　美則）───────────────────────1
　　1．共通の目的実現に向けた共同的行動に向けて 1
　　　　ICSSPE／世界体育サミット
　　2．さらなる前進を 3
　　　　行動展開に向けてのアジェンダ／第3回体育・スポーツ担当大臣等国際会議（MINEPS）／前進に向けて

基調講演

1　学校における体育の地位と現状に関する世界的規模での調査（岡出　美則）──7
　　1．世界的規模での調査 11
　　2．調査結果 12
　　　　体育に関する法律的な要件／教科としての体育の位置づけ／カリキュラム上の時間配分／資源／平等性に関わる問題／体育をめぐる諸問題と現状
2　体育の事実（友添　秀則）──────────────────51
3　良い体育の実践（木原成一郎）─────────────────73
　　1．効果的な体育プログラムの開発 75
　　2．子ども中心 75
　　3．肯定的な環境の創造 75
　　4．自立と自立的学習者を育成するスキルと知識を構築すること 75
　　5．体育はすべての学習者の生涯発達を導く 76
　　6．健康に関連した体力づくりの運動 77
　　7．人間の性と性教育 77
　　8．精神的・情緒的な健康 77
　　9．自己防衛 77
　　10．学校のカリキュラムを越えた活動 78

4 体育と身体的領域 (梅野 圭史) ——————————————80
  1．児童期および青年期における普遍的な課題 ……………………80
    体育の現状／運動／運動技能／体力／限界／
  2．運動と発育・成熟 ……………………………………………86
    運動と身長／運動と体重および身体組成
  3．運動が関係する独特な組織 ……………………………………88
    運動と生物学的成熟
  4．運動と体力 ……………………………………………………94
    先行研究の概観／運動群と非運動群との比較
  5．運動と代謝機能 ………………………………………………96
    先行研究の概観／運動群と非運動群との比較／運動プログラムの効果／運動技能／筋力／有酸素的パワー
  6．運動プログラムと代謝機能 ……………………………………105
  7．概要 ……………………………………………………………106
    運動と成長・成熟／運動と体力／運動と代謝機能／運動プログラムの効果

5 スポーツと運動の心理的効果と社会的貢献 (三木ひろみ) ——————118
  体育は重要でない教科に降格されつつあるのか／青年期の発達とサポートの必要性
  1．実証的研究 ……………………………………………………121
    身体活動と自己概念／身体活動とストレス対処／身体活動と薬物乱用, 逸脱, 非行／身体活動と社会的統合／身体活動とライフスタイル／欠くことのできない体育

6 体育と健康・安寧 (井谷 惠子) ——————————————131
  身体活動とフィットネスの継続／良質な体育プログラムはフィットネスを向上させるか?／性と文化は身体活動に影響するか?／活発なほど健康か?／生徒の日常的な身体活動の強度とは?／低い社会経済水準にある子どもは活動的か?／子どもの身体活動における家族と学校の役割／表明だけで十分なのか?／身体活動を促進するための学校中心のプログラム／Agita São Paulo：多くの様相を持つ介入プログラム／The "Agita Galera" Day／学校における Agita アプローチによる影響を評価する／医学的知識の欠如した健康?

7 体育の経済的根拠 (仲澤 眞) ————————————————147
  好ましくない健康状態となることを避けること／好ましいことを実現すること／安全な地域, 安全な都市／提案

8 青少年の身体活動に必要な栄養 (德山 薫平) ——————————165
  1．食事摂取 ………………………………………………………166

2．三大栄養素 ……………………………………………………………169
　　　　炭水化物／脂肪／タンパク質／ビタミンとミネラル／水分補給

付録

付録1　ベルリンアジェンダ―政府大臣に対する行動を求めて―(八代　勉)―179
付録2　第3回体育・スポーツ担当大臣等国際会議のためにICSSPEが作成
　　　　した1999年ベルリン世界体育サミットの報告と提言書(八代　勉)―181
　　1．挑戦 ……………………………………………………………………182
　　2．体育の現状および法的位置づけに関する国際調査結果 ……………183
　　3．第3回体育・スポーツ担当大臣等国際会議への要望 ………………186
　　4．理論的根拠 ……………………………………………………………187
　　5．良質の体育授業 ………………………………………………………190
付録3　第3回体育・スポーツ担当大臣等国際会議(八代　勉)――――――197
付録4　プンタ・デル・エステ宣言(八代　勉)――――――――――――201

序　論

1. 共通の目的実現に向けた共同的行動に向けて

ICSSPE

　ICSSPE の活動には，学際的かつ国際的に活動している諸組織の多様で幅広い関心が反映されています．現在，委員会の世界的なネットワークには，国際的レベルや地域レベル，国レベルや国内レベルで活動している 220 の政府組織や非政府組織が加わっています．ICSSPE はまた，スポーツ，体育ならびに科学分野で活動している他の多くの国際的な組織とも連携しています．

　ICSSPE 内に設置されている国際スポーツ教育学委員会は，体育に関する関心を 5 つの国際組織と共有しています．具体的には，体育研究機関国際連盟（the Association Internationale des Ecole Supérieures d'Education Physique, AIESEP），国際体育連盟（the Fédération Internationale d'Education Physique, FIEP），女子体育・スポーツ国際連盟（the International Association of Physical Education and Sport for Girls and Women, IAPESGW），障害者スポーツ国際連盟（the International Federation of Adapted Physical Activity, IFAPA）ならびに国際比較体育・スポーツ学会（the International Society for Comparative Physical Education and Sport, ISCPES）です．ICSSPE は，全体として，体育の現状と地位に関する国際的な調査プロジェクトの実施ならびに世界体育サミットの開催に際して主導的な役割を演じました．これらの試みは，次の諸点を意図したものでした．

・体育から期待できる肯定的な成果を一層自覚させる．

- 体育が世界的に深刻な危機に瀕していることを一般大衆やメディア，政府ならびに私的機関に広く知らしめる．
- 個々の取り組みを紹介し合う機会を諸組織や諸研究機関に提供する．
- 現存している調査結果，声明ならびに宣言を収集する．
- 共同すべき領域を明確にする．
- 行動計画とその実現に必要なネットワークを強化する．

世界体育サミット

「Ken Hardman の報告を目にした時，私の国で起こっていることをどうして彼がこれほど正確に把握しているのだろうと感じました．私は，このような問題に直面しているのは私達だけだと常々思っていました．しかし，今では，それが世界中で起こっている問題であることが分かりました．」1999年11月世界体育サミットナミビア代表．

1999年11月3日から5日にかけてベルリンで開催された世界体育サミットでは，多くの参加者達がこのような共通認識に至りました．（5人の大臣を含む）政府関係者，非政府組織，政府間組織，大学，学校ならびに研究機関からの計250名の参加者が，この行動志向の会議に参加しました．80以上の参加国の多様性にもかかわらず，会議では次の2点の基本的問題点に対する共通理解が得られました．
1. 体育は子ども達の権利であり，彼らの発達ならびに教育に不可欠の構成要素である．
2. 良質の体育授業が提供され，世界的にそれが援助されていくためには戦略と行動が必要である．

世界体育サミットでなされた8つのキーノートレクチャーは，すべて本書に収録されています．いずれの発表も，学問的な調査や実践事例に依拠しながら，これら2つの問題に直面している体育の状況改善に必要な説得力のある論拠を提供しています．膨大な文献リストが，各論文に付されています．それらは，体育に関連するより詳細な情報源を読者に提供することになります．また，概要はフランス語とスペイン語で記されています．ドイツ語版も出版されています．情報が必要な方は，ICSSPE 事務局までご連絡下さい．

2. さらなる前進を

行動展開に向けてのアジェンダ

　行動展開に向けてのベルリンアジェンダのパート1は，サミット参加者全員によって閉会式で採択されました．それは，本書の資料編のA-Cに英語，フランス語ならびにスペイン語で収録されています．この行動要請文は，政府関係者に向けたものであると同時に，発達保証や生涯教育の展開に対して体育がもつ意義を強調したものです．

　ICSSPEはまた，体育教師達が自国で使用できるように，ベルリンアジェンダのパート2が出版されていくことにも尽力してきました．良質の体育授業の実現は，世界体育サミットでの論議を通して再認識されたテーマだといえます．参加した代表者達は，学校で実施されている体育授業の質的改善が早急に求められていることを体育の専門職自身が主張していかなければならないとの認識に達しました．

　国家レベルでの介入が必要であることもはっきりしています．体育の専門職の指導者達がこの問題を自国で主張し，変化を生み出すことができるかどうか．これによって，世界体育サミットの成果が真に問われることになります．

第3回体育・スポーツ担当大臣等国際会議（MINEPS）

　第3回体育・スポーツ担当大臣等国際会議は，世界体育サミットの直後にユネスコにより開催されました．62の加盟国の代表，3つのオブザーバーの国ならびにICSSPEを含めた38の政府間組織や非政府組織の代表者が，ウルグァイのプンタ・デル・エステに1999年11月30日から12月3日にかけて参集しました．この会議は，過去2回の体育・スポーツ担当大臣等国際会議の延長線上で開催されました．その第1回は1976年にユネスコ本部で開催されました．また，第2回は，モスクワで1988年11月に開催されました．

　この絶好の機会を利用しながらICSSPEは，世界体育サミットの成果とそこでの提案を用いて，第3回体育・スポーツ担当大臣等国際会議参加者全員に配布する資料を準備しました．体育がこの会議の中心的論議の対象となることならびに世界体育サミットの知見が体育・スポーツ担当大臣等国際会議で作成される勧告

文作成時に極めて重要な役割を演じることは，はっきりとしていました．皆さんが活用できるように，本書の資料編 A-C には論拠となった論文，成果，世界体育サミットの勧告文ならびに第3回体育・スポーツ担当大臣等国際会議の勧告文が英語，フランス語ならびにスペイン語で収録されています．

前進に向けて

　ベルリンアジェンダや第3回体育・スポーツ担当大臣等国際会議の勧告文といった文書が，論議をスタートさせる重要な手段となることは明らかです．それらは，メディアや一般大衆の目に幅広く触れ，人々の関心を引いています．また，ベルリンアジェンダは，数多くの国内組織や国際組織によって支持されました．しかし，これらの文書が変化を生み出すわけではありません．それらは，国や地方レベルでの幅広い行動を引き起こしていくための最初の手がかりに過ぎません．

　すべての子ども達のために体育授業の実態を改善していくには，世界的レベルでの統一的行動が展開されることが必要だと ICSSPE は，考えています．委員会は，世界体育サミットの成果やその効果を見守り続けていますし，それがもたらされるように，科学的な研究成果を提供し続けたいと考えています．ICSSPE は，この会議を事態改善に向けての第一歩だと考えています．それは，体育の専門職の問題を論議の俎上にのせることに成功しましたし，体育の専門職内での自己弁護や自己分析を促すことにも成功しました．良質の体育授業の事例，さらには良質の体育授業がもたらす明白な効果に関する近年の知見を踏まえながら，将来に向けての共同的行動の第一歩を踏み出すことが，世界中の子ども達に豊かな生活をもたらす道を開くことになるといえます．

編者　Gudrun Doll-Tepper
Deena Scoretz

基調講演

1 学校における体育の地位と現状に関する世界的規模での調査

Ken Hardman and J. Joe Marshall
University of Manchester, United Kingdom

緒言

　20世紀後半は，圧倒的な力で発展した医学や科学が，身体活動に定期的に取り組むことが長期的なメリットを生み出すこと，また，その基盤が人生の早期に培われることを証明した時代であった．同時に，この過程では，学校体育が豊かな可能性を備えていることが数多くの宣言文の中で多様な形で宣言された．例えば，ドイツでは，「体育は総合教育であり，それが適切に実施されないと文化と教育に問題が生じてくる」(Arbeitskreise der Kultusminister der Länder der kommunalen Spitzenverbände des Präsidiums des DSB, 1956) と指摘されていた．体育は「教育に不可欠の要素」(K. M. K., 1966) であり，「人々の教育に不可欠である」(Deutscher Sportbund, 1966) とされていた．

　この理念実現に向けてドイツスポーツ連盟は，カリキュラム上の体育の授業時数の増加，施設の改善ならびに適切な資質を備えた教師の配置を要求してきた．その例が，1985年の「第2次学校スポーツ促進勧告」であった．それは，中学，高校段階で週3時間の授業時数確保と小学校段階で毎日，運動時間を確保することを要求した．しかし，1997年に実施されたドイツスポーツ連盟の「聞き取り調査」では，授業時数の削減，教科間の競争，過密カリキュラム，施設，設備の老朽化，貧困な教師の資質，ならびに職業教育学校にみられる最低限の授業の実施状況が報告されている (Deutscher Sportbund, 1997)．ドイツのスポーツ教育学者達の論議をみれば，(再)統一されたドイツでは，今日でもなお，スポーツ科が学校の中でマイナーな地位しか認められていないという実態が確認できる (Naul, 1992)．バイエルン州では，近年，厳しい批判にさらされるなかで，「体育のもつ

一般的な意義に対する評価が低下している．体育は必ずしも必要ではない」とみられている．

1978年に公布されたユネスコの体育・スポーツ国際憲章第1条は，次のように述べている．「すべての人間は，体育，スポーツを行う基本的権利を持っている」，「体育やスポーツに親しみ個人として発達ていく自由は，教育システム内と社会生活の他の側面の双方においても保証されなければならない．……体育，スポーツを行うための機会の保証を通して」(p. 5)．第2条では，体育，スポーツの促進が国家機関に対して要求されている．「あらゆる教育システムは，身体活動と教育を構成する他の要素間のバランスを取りつつ，その関係を強化するために，体育，スポーツを必要不可欠なものとして位置づけるとともにその場所の重要性を認識しなければならない」(p. 6)．身体活動のもつ価値については国際的にも科学的な根拠が示されている．それは，定期的に身体活動を行うことを促すことには，一応有利な根拠ではある．しかし，それにもかかわらず，来るべき世紀の展望を描こうとすれば，学校での体育が危機的状況に陥っていること，しかも，それが世界的規模でみられるようになってきているようにみえる．

人間の基本的権利として体育を位置づけたユネスコの1978年の体育・スポーツ国際憲章が示されて以降のこの20年間で，カリキュラムから体育を削除した国や時間数を削減した国がみられるようになったことを警戒すべきである．体育が置かれている深刻な状況は，以下の文献で確認できる．

- 会議のテーマ．例えば，Geelong, Australia, 1991：Crisis in Physical Education, and Orland, United States, 1992：Critical Crossroads-Decisions for Middle and High School Physical Education, wihch illustrated the plight of American school Physical Education
- 深刻な体育の状況を報告している雑誌．例えば，Bulletin of IAPESGW, 5 (1), 1995, JOPERD, 58 (2), 1987, JOPERD/CAHPERD, February 1990, JOPERD, 63 (7), 1992, Journal of Teaching Physical Education, 13, 1994 ならびに Journal of Interdisciplinary Research in Physical Education, 2 (1), 1997)；国内ならびに国際的な調査

イングランド/ウェールズで実施されたNAHT（National Association of Head Teachers）の体育に関する調査レポートでは，政府主導の改革ならびにナショナル

カリキュラムの導入に伴い，深刻な施設の老朽化やアドバイスの不足，現職教師教育の不備，さらには不適切な初任者研修によって学校が打撃を受け，体育の授業時数が削減したことが報告されている．また，National "Speednet"による調査(1999)では，イングランドで体育の授業時数が劇的に減少していることが報告されている．

　Wilcox（1996）が実施した国際的な調査では，調査対象がアフリカ，アジア，ヨーロッパ，ラテンアメリカ，北米/カリブ海地域ならびにオセアニアにまで及んでいるが，ここで問題点が明らかにされている．そこでは，体育の地位の低下や文化的な孤立状況，アイデンティティの危機，体育教師自身の体育の専門職に対する自己評価が全体的に低いことに起因する専門職の意識の低下，教育内で与えられている低い評価から脱却する術の不足，大切な顧客に対して有意味なメッセージを伝えることに失敗していること，不適切な施設や，施設の老朽化，体育のもつ学問的な価値に対する懐疑ならびに体育の将来に対する悲観論がみられるといった広範な問題点が指摘された．

　さらに言えば，社会的にも経済的にも人々の強い関心を引いていたエリートスポーツを含む競技スポーツが，体育の主たる供給源であると考えられていた．Wilcoxの調査で確認された特徴の多くは，ヨーロッパ体育連盟（European Union Physical Education Association, EUPEA）が1997年に報告した調査結果と重なるものであった（Loopstra & Van der Gugten, 1997）．ヨーロッパ体育連盟の調査では，ヨーロッパ内のいくつかの国，特に中央ヨーロッパと東ヨーロッパの国々で，カリキュラム上の時間配分に改善がみられたことは明るい材料であると報告されている．しかしその一方で，1990年代初頭に比べると，体育が明らかに大きな脅威にさらされていることが紹介されている．この調査では，初等教育段階と中等教育段階（6～18歳）で週2時間の体育の授業を実施している国がわずか3ヵ国（オーストラリア，フランス，スイス）であることが，さらに，6～12歳の子どもたちに週2時間の体育の授業を提供しているのは25ヵ国中9ヵ国に留まっていることが明らかにされた．

　調査対象となったほとんどの国が，初等教育段階にみられる運動発達や運動学習の意義を低く評価しているとともに，初等教育段階の体育を担当する教師達の教育が不十分であることを指摘した．実際，ヨーロッパのほとんどの国で次のよ

うな現象がみられる．
　・体育の授業時数の不足．特に，初等教育段階の子ども達と 17〜18 歳の子ども達に対するそれが顕著である．そこでは，最低基準以下の授業時数しか保証されていない．
　・ヨーロッパのほとんどの国では体育の授業の質が管理されていない．あるいは，されていても不十分である．それは，特に，初等教育段階に顕著にみられる現象である．その原因は，初等教育段階で体育授業を担当する教師に対する教育の貧困さに求めることができる．

　この調査は，結論として，ほとんどの国で体育の授業の質が管理されていないと同時に，政策決定者や教育関連の意思決定を下す人々が実際に行われている体育授業の質にほとんど関心を抱いていない，と指摘している (Loopstra & Van der Gugten, 1997)．これらで明らかにされた問題点は，Hardman (1993, 1994, 1996, 1998, 1999) が定期的に取り組み，現在分析を進めている国内レベルならびな国際的なレベルで実施した調査結果を裏付けるものである．

　このような深刻な状況によって引き起こされた人々の関心が広がっていく中で学校体育は，自分自身の位置づけを確認していった．例えば，世界保健機構 (WHO) といった国際機関までもが，(例えば，WHO, 1998 のように) 一連の立場や政策を表明し，その存在意義を主張してきたし，(1998 年 11 月のバルセロナ宣言のような)「みんなのスポーツ運動」も同様である．さらに，ヨーロッパ体育連盟 (EUPEA；Madrid, 1996) と全アフリカ健康・体育・レクリエーション・スポーツ・ダンス連盟 (All-African Association for Health, Physical Education, Recreation, Sport and Dance, AFAHPERD.SD；Johannesburg, September, 1999) といった地域の組織もまた，学校スポーツ支援の決意を表明した宣言を出している．学校体育は，世界中のすべての大陸で危機にさらされているように思える．前カナダ保健・体育・レクリエーション・ダンス連盟 (CAHPERD) 会長の次の発言は，世界の状況を端的に示している．

　　体育は，1990 年代にはそれほど重視されなかったように思える．体育は
　　厳しい批判にさらされるとともに，カリキュラム上の時間確保の競争に
　　さらされることになった．通常，体育の授業は，体育の指導法に関して
　　ほとんど教育されていない，あるいは，まったくそれを指導されていな

い，専科以外の教員によって教えられてきた．さらに，予算削減が，良質の体育授業保証に必要な時間や施設，道具等の条件に悪影響を及ぼしている（Mackendrick, 1996, p. 2）．

このようにはっきりと認識できるようになった危機的状況を前に，ICSSPE（International Council of Sports Science and Physical Education）は，1997年後半に，国際オリンピック委員会（International Olympic Committee, IOC）に対して，学校体育の置かれている現状を世界的規模で調査するための財政的支援を求める要望書を提出した．その結果，IOCは，調査基金を支出する決定を下した．そして，1998年10月に調査が公式にスタートした．以下では，この世界的規模で実施した調査結果の一部を紹介したい．

1. 世界的規模での調査

（調査開始から最終報告書完成までが1年間という）研究期間中に真に世界的規模での調査を実施するには，大変な困難が伴う．それにもかかわらず，関連データ収集に向けて様々なレベルで適切な共同作業を展開すれば，世界の動向を踏まえつつ学校体育の政策ならびに実践の実態把握を可能にする，科学的な情報収集が可能であるとの判断が下された．過去に検討された文献や未分析に終わっている資料の不備を補足するために，1998年の9月から10月にかけて，学校体育に関する法令による規定と法定の履行に関する量的データならびに質的データを収集する質問紙が作成され，予備調査が行われた．そして，多くの「専門家」による予備的な分析作業と討論を通して，試作された質問紙が改訂されていった．また，その後（1998年11月），さらに，ジェンダーや障害者に対する平等性保証ならびに体育教師教育（PETE）に関するデータ収集に必要な質問が組み込まれた．

質問紙を世界中に配布するために，ICSSPEのネットワークとそのスポーツ教育学委員会の構成組織，ヨーロッパ体育連盟，国際保健・体育・スポーツ・ダンス連盟（ICHPER.SD）ならびに広範な個人的な関係が活用された．学校体育の現実をより正確に把握するために，国内レベルでもできる限り多くの情報が収集された．配布された質問紙は，すべての大陸から回収された．さらに，収集されたデータを補足する手続きが検討され，データが追加された．同様の方法を用いて，

ネットワークを活用しながら，(政府の報告書や非政府組織の報告書，調査結果，国際誌や国内誌の論文，研究機関や個人の声明文等の) 出版され続ける文献や調査結果が収集された．

www.manu.ac.uk.education/pecrisis (Physical Education-The Silent Crisis) でアクセスできるウェブサイトを立ち上げた．それは，以下の内容を含むものであった．

- 危機的状況に陥っている学校体育の現状に関する一般的情報とその詳細．
- 定期的に修正された「危機的状況に関する最新情報」
- 英語版の質問紙へのオンラインでの回答．ウェブサイトは，世界的規模でのスピーディかつ効果的なデータの収集方法であり，事後に生じてきた諸問題に対応する中で素早く情報交換を進めることを可能にする．

調査票への回答ならびに文献調査ではわずか126の国や自治州の情報が得られたに過ぎない．しかし，得られたデータは，学校体育の現状に関して世界的にみられる問題群やヨーロッパにみられる問題群を明らかにするものであった．調査結果の概略を示すために，調査結果を踏まえて一連の問題群が抽出された．どのような結論を導き出すのかを確認しておくことは，確かに重要である．しかし，それらは，あくまでも仮説に過ぎないことを確認しておくことも重要である．しかし，実際に確認できた状況は，先行研究の指摘していた事態が一層進展していることを示すとともに，人々を狼狽させるような事態を確認させるものであった．実際，地理的要因や経済的要因に規定されたバリエーションがみられたとはいえ，今回の世界的規模の調査では，先行研究で強調されていた諸問題と同様の現象が確認された．

2. 調査結果

1. 体育に関する法律的な要件

体育は法的には，大部分の国 (92%以上) の義務教育段階で，最低，男女ともに必修教科とされている．確かに，カリキュラム上の時間配分に関するデータを分析してみれば，法的には多くの国/州で体育が位置づけられている．しかし，現実は，法的な規定や期待とは異なっている．

表 1.1 法規定と実施状況のギャップ (%)

地域/国	実施率	非実施率
世界全体	71%	29%
アフリカ	25%	75%
北アメリカ	72%	28%
アメリカ合衆国	74%	26%
カナダ	57%	43%
ラテン/中央アメリカ	50%	50%
アジア	33%	67%
ヨーロッパ	87%	13%
西ヨーロッパ	93%	7%
北ヨーロッパ	75%	25%
南ヨーロッパ	50%	50%
中央/東ヨーロッパ	100%	—
中東	82%	18%
オセアニア	70%	30%

　確かに，世界中でみれば，体育を必修科目として法的に規定している国や州のうち71%では法的な規定や指導要領の記載にしたがって体育が実施されているように見える．しかし，残りの29%では，体育は他教科の時間確保のために削減してもよいことになっていたり，あるいは最低基準の時間を保証されるに留まっている．体育の授業が政策通りに実施されておらず，非実施率が高く問題となっている地域は，アフリカ（75%），アジア（67%），中央ならびにラテンアメリカ（50%）ならびに（地中海を含んだ）南ヨーロッパである（50%）．これら4地域と同様，大部分の発展途上国では，法的に規定された通り適切に体育の授業が実施されていない，あるいは全く実施されていないケースが，60%近くに及んでいる．しかし，経済的に豊かな国，地域にはそのような傾向は，それほど顕著にはみられない．しかし，そこでも実質的には規定と現実の間に溝がみられる．

　法律上に規定されている政策と現実の間には実際には「ギャップ」が存在している．溝は，学校体育を重視していない声明文一般，公的な評価の欠如，配分されるはずの時間が配分されないこと，財政削減，資源の他への転用，不適切な物的資源，適切な人材の不足，さらには校長といった重要人物が示す態度から確認できる．文書レベルからも，すべてではないにせよ，多くの国々でそのような傾

向を見いだすことができる．2〜3の例をあげて，問題を確認したい．
　カナダでは，州教育省（Provincial Education Ministries）が 1980 年代に，毎日，良質の体育を実施することを推奨した．しかし，行政区や地方の学校設置者が最低限の時間を保証することができるような手続きは何もとられなかった．1994 年のブリティッシュ・コロンビアの幼稚園から 12 年生までの教育計画では，4〜10 年生のカリキュラム全体の最低 10％を体育に当てることを予め規定するとともに，加えて最低 5％を個人的に計画できるようにしている．そして，この 5％は，実質，健康生活に配当されるものであった．幼稚園から 3 年生までは，その扱いは教師の裁量に任された．カリキュラム開発には時間，エネルギーならびに財政援助を必要とする．しかし，行政区分を越えたこれらのカリキュラムを実施していくために必要な財源は，教育省からは未だ確保されていない（Luke, 1999, p. 3）．97.8％の学校では，カリキュラム上で要求された体育の時数通りには授業が実施されていない．体育教師になるためのトレーニングを受けていない教師のいる学校もいくつもある．必修であるにもかかわらず，8〜10 年生の生徒の約 20％は，体育の授業を受けていない．州政府は，体育をそれほど重要ではない教科，あるいは何かに代替可能な，余分な教科だと見なしている．ニュー・ブランズウィック州もまた，政策上示されている公的な声明と実践のギャップがみられる例である．時間数は，次のように示されている．1〜6 年生は週 100 分，7〜9 年生は週 90 分の保健と週 135 分の実技となっている．そして，高校では 1 学期に週 75 分の授業を 5 回と規定されている．しかし，小学校レベルでも中学校レベルでもそれらの時間は，保証されていない（Luke, 1999, p. 20）．小学校段階で実施されたある調査（Tremblay, Pella and Taylor, 1996）では，体育の授業は平均で週 55.9 分に過ぎなかった．この時間数は，州政府が指針で示したまさに半分強であった．また，（150 分という）国が推奨している時間数の 1/3 に過ぎなかった．この調査結果は，小学校を対象とした Steeve（1999）の調査でもさらに裏付けられた．それは，専科教師が学校を巡回する 40 分授業が週 1 回保証されているのみであり，「体育の授業のできないクラス担任によってさらに週 1 回が保証されていると想定されていた．」
　西ヨーロッパ諸国でも，国によって要求されている内容と現実との間にギャップが見られた．フランスのある教育学者は，「すべての生徒が学校で水泳を学習し

なければならない」と国によって定められているが,「市内にプールのない状態でどうすればそれが保証可能なのか」と問いかけている。また,フランスの学者,Bonhomme(1993)は,次のようにコメントしている。政策上要求されていることは実際には実施されていないし,「美しい夢」は72%の小学校で週2時間以下しか体育の授業が実施されていないという現実にさらされることになる。それは,「第3世代の教育学(tiers temps pédagogie)」に示された現実とはほど遠い。Bonhommeの紹介したフランスの小学校にみられる現実は,今や,急速に,他の国や大陸でもごく自然にみられる現象になってきている。

イングランドとウェールズで近年実施された調査(Speednet, 1999)では,様々な不備が明らかにされた。報告書は,教師達が個人的に体育を教えようとしなかったり,「より重要な」他の事項を優先し,体育を教えることを後回しにするといった状況がみられるため,時間割表は体育の授業実態を反映していないとされている。他のヨーロッパ諸国,例えば,フィンランドでは,学校にカリキュラムづくりの裁量が任された結果,体育の週時数に関する規程に従わずに体育の授業が実施されるという状況が生みだされているという(大学教授)。

地中海諸国でも,西側諸国や北欧諸国と同様の問題点が指摘されている。ギリシアでは,体育が必修教科として位置づけられているにもかかわらず,その効果はみられない(Asteri, 1995, p. 6)。多くの学校で保証されている施設は最低限のものであり,悪天候の続く時期には体育の授業がしばしば中止されている(Asteri, 1995)。キプロスでは幅広く体育の存在価値が認められているにもかかわらず,政府関係者が体育の授業に対して公的に表明している内容と学校で実際に提供されている授業の間には際だった違いがみられる(Yiallourides, 1998, p. 41)。国語や算数の時間が必要だと要求されたり,アカデミックな内容に関する復習やテストのための時間が必要だと要求されると,体育の授業が犠牲にされている。小学校や中学校で実施が求められている幅広いカリキュラムは,教師の専門的知識や関心,施設,特に屋内施設の不備が原因で,実際にはその通りに実施されていない。

ニュージーランドでは,1946年以降,体育は,1年から10年生に対するコアカリキュラムの中で必修教科として位置づけられてきた。また,11年生から12年生に対しては選択教科として位置づけられてきた。しかし,Grant(1992)によれば,特に10年生でこの規定にしたがっている学校はほとんどないという。体育は他教

科と同等の地位を得るために格闘している．しかし，現状では周辺的な教科とみられている．学校内にみられる体育の重要性に対する認識の低さが，体育の存在意義を低下させている．Ross & Crawley (1995) は，他教科からの授業時数をめぐって仕掛けられる攻撃や資金の削減がみられること，さらに，施設，設備の不備がある状況で教育の自由化路線が推進されることによって，学校で実施される体育の授業時数は削減され続けていると報告している (Ross & Crawley, 1995, p. 3)．この現象は，シラバスで最低 30 分間の体育授業を毎日実施することが推奨されているにもかかわらず生じている (Ross & Hargreaves, 1995, p. 6)．法令で時間数が制定されなければ，学校が体育に十分な時間を保証することはないであろうというのが，一般的な見解である．ある教師は，次のように語っている．

> 「私達の（そして，大部分の）学校での教科の優先度から考えると，生徒 1 人当たり体育は週 2 時間以上，スポーツ／レクリエーションには週 1 時間以上が配当できる財政的基盤（人的配置）というのは，現在，整ってはいない．これは近い将来実現可能かもしれない妥当な目標という程度だ」(Ross & Hargreaves, 1995, p. 6)

アフリカ大陸は，法令上の要求事項と現実に保証されている体育授業の実態がかけ離れている典型例である．ベニンでは，次の現象がみられる．

> 中等教育がより重視されている．そのため，小学校の校長達は，カリキュラムに従った授業が展開されているかどうかを中学校のように，視学官によってチェックされていない．しかも，小学校の主任教師達は，自分たちがやりたいと思ったときにやりたいように授業を行っている．そのため，要求されている内容と授業の実際にはズレがみられる（政府官吏）．

ウガンダでは，実際に行われている体育の授業時数に違いがみられる（実際の授業時数は，通常，規定の授業時数以下になっている）．また，実際の授業の実施方法は学校裁量に任されている．そのため，学校間で授業の量，質に大きなばらつきがみられる．教師の態度が，実際の授業を大きく規定している（体育教師）．

ボツワナでは，次のような現象がみられる．

> 実際には，体育の授業は行われていない．まったく教えていない教師達もいるし，それを誰も気にしていない．監督省庁も，それが教えられているかどうかを気にしていない節がある．例えば，5 年生から 7 年生と

いった，試験や成績といったことにより深刻になる学年では体育は教えなくてもよいといった決定やまた，体育に割り当てられた時間が，例えば英語や数学のような試験で大切になる教科の復習に代えられるといった措置を，一方的に下している学校も数多い（体育教師）．

南アフリカでは，悲惨な状況が報告されている．政策上提示されている時間数やシラバス上示されている内容と実際の授業の間にみられるズレもまた，数多くの報告書で指摘されている．しかし，体育の授業の実施状況は，主任教師の態度や専門教育を受けた体育教師の人数ならびに施設の整備状況いかんにかかっている．体育は，必修教科である．

しかし，体育の授業を全く実施していない学校がほとんどである．専門の体育教師が補充，新規採用されず，他方で，専門的な教育を受けていない体育教師達は授業のダイナミックさや実施方法を理解していない．そのため，最近示された成果重視の教育カリキュラム（Outcome Based Education Curriculum, OBE）では，体育は廃れていくだろう（体育の教授）．

10〜12年生に対して「わずか週30分しか授業が実施されていなかったり，また，卒業試験で実施される知的教科の準備のために12年生には全く体育を実施していない州がいくつかある．(Katzenellenbogen, 1995, p. 10)」．Junne（1997）は，小さな町での経験を次のように語っている．クラスの人数が多く(1クラス当たり60-70人)，体育館，運動場もなく，用具が著しく不足している．子どもたちは，体操服を身につけていないし，体育の授業そのものを受けた経験がない．さらに，教師達も体育の授業に対して関心を抱いていない（p. 29）．

Keim（1999）は，校長，教師，生徒とのインタビューをもとに，体育がすべての学校で必修教科になった1994年以降，体育は，南アフリカの学校内で低い地位を甘受し続けていると報告している．配当された時間数は，ほとんどの学校で体育ではなく，「より重要な教科」に割り当てられている．また，試験期間中には，それは至極簡単に実施されなくなっている（ウェスタンケープ州の小学校の85％は，体育の授業を行っていない）．今日，合理化が進められる中で，カリキュラムから体育を抹消した学校もみられる．週2回が必修とされているにもかかわらず，体育がわずかに週1回（35分間）教えられているに留まっている学校もみ

られる（Keim & Zinn, 1998）．

　ラテンアメリカや南アメリカならびにアジアでは，要求と現実のギャップを無視できない．コロンビアでは体育が重要な教科とされているにもかかわらず，「良質の教師，適切な教具，施設の不備がみられるため，発展しえる可能性がない」（体育講師）という．小学校では，「実施されるべきであるにもかかわらず，体育の授業は実施されれていない．また，それに対する支援もみられない．良質の体育教師や適切な教育を受けた教師も不足している（体育講師）」．プエルトリコでは，「教育省の指針では体育は，重要教科として位置づけられている．しかし，その達成に必要な援助は（校長や学校区，地区代表といった）学校管理者達からは何ら与えられていない．」さらに，「体育は真の学科とはみなされていない」．「体育はあらゆるレベルの学校で実施が求められているにもかかわらず，実際にそれが教えられているのは中学，高校のみである．しかもそこでは，卒業単位としては1/2単位が認定されているに過ぎない」（体育講師）．アジアでいえば，例えばベトナムでは，「実際の授業時数は要求されている時数に達していないし，他教科の授業が優先され，休講にされるケースが多い」（政府官吏）．

2．教科としての体育の位置づけ

　学校内で教科としての体育に示されている認識が，幅広い教育的，社会的，文化的コンテキスト内での体育の位置づけを決定することになる．体育に対する評価は概して低いものであるが，それは決して近年になってからみられるようになった現象ではない．教科としての体育は，「学問での地位が次第に低くみられてきた．学問として体育に対して低い評価が示され，そして教育においても，体育は，二重の苦難を被っている．一般的に示されているそのような低評価が大部分の教育者からの体育に対する低い評価を生み出しているからである．」(Jable, 1997, p. 78)

　興味深いことに，体育が法的には他教科と同等の地位を与えられていると答えた回答者は86％にのぼる．しかし，それは，現実を反映したものではない．体育に実際に与えられている評価は，いわゆる「知的」教科以下であると回答していた回答者は約57％にのぼる．表2は，世界中のどの大陸でみても，体育に実際に与えられている評価は，法的に示されているそれ以下であることを示している．

表 1.2 法的/現実的な体育の評価（％）

地域/国	法的	現実
地球全体	86	43
アフリカ	50	14.3
北アメリカ	86	36
アメリカ	84	37
カナダ	100	29
ラテン/中央アメリカ	89	13
アジア	73	20
ヨーロッパ	94	67
西ヨーロッパ	100	71
北ヨーロッパ	92	58
南ヨーロッパ	78	67
中央/東ヨーロッパ	95	67
中東	91	70
オセアニア	91	11

　オーストラリアのような著名なスポーツ国家であっても体育は周辺的な教科として位置づけられ，教科とその担当教師に対する評価は低い．このような劣悪な位置づけは，知的活動が重視される教育的コンテキスト内に置かれている体育の実践にも影響を与えることになる．

　オーストラリアと海をはさんで位置するニュージーランドでも体育は周辺的教科として位置づけられている．教師達は，「体育は学校の管理を甘受する場であるとのイメージを抱いているし，時間割上に配当する価値のない周辺的教科である」と発言する教師達もいる（Ross & Hagreaves）と考えている．なお，ヨーロッパ諸国では「知的」教科と体育の地位に対する評価のギャップが最も少ない．これは，特筆すべきである．

　カリキュラムに組み入れる教科としての位置づけに関して言えば，約70％の国で，体育がもつアカデミックな価値に対する疑念が示されている．体育の授業は「気晴らし」であるといった反応やスポーツのコーチでも実施可能だといった，一般的な理解がみられることを示す回答もいくつかみられる．このような見解は，校長や保護者にみられるようである．身体的な発達以上に知的なそれがより高く評価される文化圏では，それが特に顕著である．

アフリカのいくつかの国では，教師を含め，体育は非生産的な教育活動であり，知的教科は将来の成功を保証する手段であると考える人達が大勢を占めている．アフリカ全土にみられる将来の体育の危機を象徴する現象が，ケニアにはみられる．体育を必修教科にするという大統領令が公布され，体育の地位向上に向けてのキャンペーンが展開されたにもかかわらず，視察に対応することのみを理由に体育の授業を時間割上に位置づけている校長達がいる（全国を回る視学官はわずか2名に過ぎない．そのため，そのような授業が設置されること自体がめずらしい）．学校教育は，卓越した文化的水準を維持するために必要な知的エリートの選抜機関とみなされ続けている．

このように，一般大衆からみれば，体育は知的ではない活動であり，社会的なトレーニングの手段や厳しい知的作業に対する補償手段に過ぎない．体育は，「アカデミックな価値を備えていない教科」（Wamukoya & Hardman, 1992, p. 30）である．ウガンダでは，文部省の視学官や学校区の視学官に対しては次の批判が示されている．「1．知的教科が重視されている（通常，スポーツが他教科と組み合わされている）．2．彼らは体育/スポーツについてほとんど（何も）知らない．3．彼ら自身が真剣にスポーツをしていない―その結果，体育は他教科ほど真剣に調査されない．」（体育教師）

南アメリカの場合，例えば，ボリビアでは国家は体育をそれほど重視していないし，授業実施に必要な空間を縮小したり，施設を提供しなかったりすることにより，その位置づけを低めようとしている．同国の体育の将来に対する悲観的見解を示しながら，ある大学の体育の教授は，次のように語っている（1999）．「体育が生き残ることを可能にする文化的土壌は存在しない．」コロンビアでは，体育は，家やその近隣で行っている自由な遊びに代替できるものだとみなされている．（これに対して）他教科は，学校で教えられなければならないものとされている（体育の大学教授，1999）．カリブ海地域でもまた，体育に対して否定的な見解が示されている．ジャマイカでは，「教育全体の中では体育は重視されていない」（体育講師）．また，セント・ビンセントでは「トレーニング不足や体育をまともに経験することもないために，体育を時間の浪費と捉える人々もみられる」（政府官吏）．

4地区から構成されているヨーロッパでも体育の危機がみられる．中央ヨーロッパならびに東ヨーロッパでは，自由主義化に先導されたいわゆる「ベルベッ

ト改革（富裕化に向けての改革）」ならびに人文主義や民主主義，自由の理念を志向する学校体育概念が再びみられるようになっている．しかし，政府が体育をカリキュラム上に位置づけることを奨励しているにもかかわらず，悲惨な状況がみられる国がいくつも出ている．年輩の学校管理者達は体育という教科にほとんど関心を示さないし，それが生徒の一般的な発達に及ぼす影響を過小評価している．また，体育教師は，社会的な地位も低く，能力，技能とももに低くみられている（Antala, Sedlacek & Sykora, 1992）．

ポーランドでは，体育に対する社会的「認識は貧困である」．学校体育の目的，目標は政府や地方の教育関係者に誤解されている．そのため，教科としての体育が削除されたり，スポーツ活動に代えられるといった現象も顕著にみられる．ブルガリアでは，校長達は他の仕事に忙殺されて子ども達の体育に関心を払うことなどできないと言われている．他教科の教師達は体育の必要性を理解してはいるが，自分たちの教科の方が子ども達にとってより重要であると考えている（体育の教授）．ロシアでは，体育は低い評価を受けているが，その原因は体育館の不足や適切な用具の不備ならびに財政的な支援の減少に求められている（体育講師）．スカンジナビアのノルウェーでは，体育の位置づけ方が重要な問題になっている．中央（政府）の学校政策により，体育に配当される時間数が少ないうえに，（一般的に）実施上の優先順位も他教科以下になっている（大学のスポーツ教育学者）．イベリア半島のポルトガルでは，逆風にさらされている教育システム内で体育は（いわゆる「アカデミックではない教科」と同様）「犠牲にされた教科」になっている（大学教授）．

キプロスでは，学校で体育の授業を受けている生徒の数は少ない．そこでは，体育を時間の浪費であると考えている保護者の誤った認識により，体育がそれほど重要な教科ではないとみなされる状況が生み出されている．初等教育ならびに中等教育段階で体育を教えている教師達は，アカデミックな教科を担当している教師達から低い評価を受けているし，授業中の仕事を正当に評価されていない（Yiallourides, 1998, p. 37）．同様の否定的な現象は，マルタにもみられる．Pulis (1994) は，体育の基準は，初等段階では特に下がっており (p. 10)，体育の授業で何をしていようが全く意に介していない校長達も多いと報告している (p. 40)．中等教育段階では授業時数が削減され，施設の不備や基準が遵守されず，さらに

は体育に対する予算の削減が状況をさらに悪化させている．初任者研修コースでは，体育に関する基礎的な単位を履修せずに卒業する者もいる（Pulis, 1994, p. 130）．

教科が置かれている悲惨な状況は，中東諸国にもみられる．イランでは，「職業を得るためにより高学歴を得ようと熾烈な競争が展開されている．この中では，体育は将来にとって重要な位置づけを与えられている教科群に入れられていない」(体育講師)．カタールでは，「体育の授業時数を削減して，他教科の授業に充てている．特に，学期終了前や年度終了前にはそれらが顕著である(体育講師)」．クウェートでは，体育の履修は学校卒業資格の中に含められていない．体育の授業は試験のためにしばしば無くなるし，さらに授業が削減されるということは，体育が重要視されなくなったことを示している（Behbehani, 1992）．

アジアの多くの国々でも体育は，アカデミックな教科に対して「補助的な」位置づけを与えられ，伝統的に知的な発達は身体活動よりも極めて高く評価されている．身体活動は労働者階級にこそ似つかわしいとみなされているのである．「頭を使う人間が支配し，筋肉を使う人間は支配される」（Li, 1989, p. 71）．したがって，中国文化の中で保護者がアカデミックな成果を重視することはごく当然である．生徒達には，アカデミックな成果を上げるようプレッシャーがかけられている．このことが「身体活動に対する評価」を左右している．

親は子どもがアカデミックな成績を上げることを期待している．このシステムでは，試験が重視され，体育をプレーやレジャーの一部として捉え，教育過程に不可欠な要素とはみなしていない．努力したり一生懸命取り組むことは，アカデミックな成果を向上させたり，社会的，経済的な上昇を可能にすると考えられている．身体活動は，健康や安寧を維持したり，より効率的で生産的な生体を備えた人達の健康に対するプライマリーケアという観点からのみ，その存在意義を正当化されることになる．端的に言えば，明らかに健康増進に貢献し，アカデミックな成績の向上を保証する態度や人間関係の育成に寄与すると考えた場合にのみ保護者は，学校内で身体活動やスポーツをすることを支持するといえる（Shuttleworth & Wan-Ka, 1998）．

西洋の影響を色濃く受け，肥満傾向の上昇や座業の多い生活スタイルの影響がみられる香港でさえ，時間割上に教科間の序列化がみられる．すなわち，「英語，

標準中国語，数学，コンピュータリテラシーならびに科学」が優先されている(Johns, 1996, p. 12)．体育の授業がしばしば中止されることは，教科に対する評価の低さを示している．「試験準備のために授業時数を提供してほしいと他教科の教師から依頼されること」(前掲書, p. 13)は，体育の教師にすれば珍しいことではない．現状は，「体育は容認されてはいるが，体育が香港の子ども達の発達や健康に貢献する重要かつ成果の期待できる教科であると見なされるほど十分に推進されているのではない」(前掲書, p. 14)というのが，関の山である．このように深刻に考えることを怠っていることが，香港の子ども達の活動レベルの低さ，肥満傾向の増加，健康状態の悪化の原因となっている．

他のアジアの諸国，例えば，マレーシアでは，Rashid (1994) が指摘しているように，専門的な教育を受けていない教師達によって通常教えられている体育以上に言語や科学，数学といった知的教科がカリキュラム上，高く位置づけられている．それは，特に，小学校や中学校初期段階に顕著である．インドでは，「子ども達は楽しさのみを求めて体育の授業を受けている．また，カリキュラム上重視されているのは，『アカデミックな教科』のみである．体育以上にアカデミックな教科が重視されている」(体育講師)．

グローバルにみれば，カリキュラム上，体育が必要不可欠な教科とみなされていない国が37%にのぼる．しかし，このデータは，世界の状況を代表するものではない．ヨーロッパの3地域，すなわち，南ヨーロッパ(11%)，中央・東ヨーロッパ (17%)，西ヨーロッパ (21%) とオセアニア (13%) は，アフリカ (71%) とは対照をなしている．しかし，通常は，体育に対して示されている一般的な低評価や公的なアセスメントの欠如，授業時数の喪失ならびに人材や財源などの資源の他への流用といった状況の存在が，体育が重視されていない現状を端的に表している．後者の例が，バハマにみられる．バハマでは，時間数ならびに資源が他教科に割かれていることが，体育が重視されない直接的な原因となっている (政府官吏)．さらに言えば，半数以上の国/地域 (61%) でいわゆる「アカデミックな教科」よりも頻繁に授業がつぶされているという，体育に対する逆風が吹き荒れるこのような状況下では教科に対する低評価は，教科の位置づけそのものに致命的な影響を及ぼすことになる．この調査結果は，体育の授業が試験期間中にしばしば取り止めになり，アカデミックな教科の復習の時間に振り替えられている

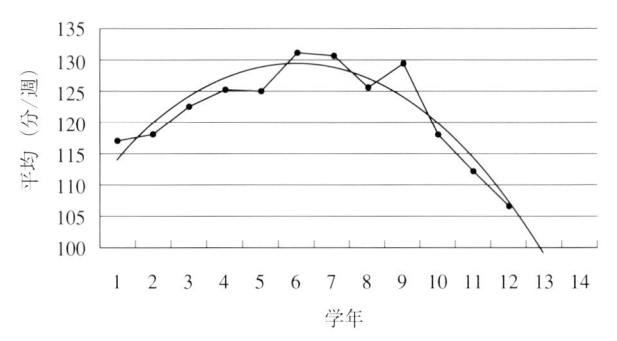

図 1.1　年次進行に従った体育授業への配分時数

ことを示している．

3．カリキュラム上の時間配分

　カリキュラム上，体育に配当されている各学年の時間数に関する調査結果は，その実態が実に多様であることを示している．しかし，これは何ら驚くべきことではない．56％の国では，各学年に配当されている体育の授業時数は同じであった．しかし，44％の国/地域では学年によってその時間が異なっていた．ここで報告に値するのは，次の2点である．

- カリキュラム上，最も配当時間が多くなるのは，生徒が10～12歳に当たる，中等教育段階の初期から中期である．
- 年齢が上がるとともに配当時間数は減少していく．特に，最終学年では選択教科としてそれが位置づけられたり，時間割上から教科が削除されている．

　スウェーデンでは体育が，「過去10年間で週3時間から週1時間に削減された」．例えば，義務教育段階で配当される時間数が537時間から460時間に削減された．「スポーツデーは廃止され，学校内で運動する時間数は全体で1/3に減少した」(Sollerhed, 1999)．

　フィンランドでは，カリキュラム改革によって政府の指導要領の拘束力が緩和され，カリキュラムの作成は学校裁量に任されることになった．そのため，個々の地方の特色を活かしたカリキュラムづくりを促す参考資料が提供されるように

なった．その結果，必修体育の授業時数は減少し（学校は，最低限の規定にのみ拘束されることになった），選択授業の時数が増加した．西欧諸国の中でもオーストリアとオランダで体育の授業時数が減少した．Van Oudenaarde（1995）もまた報告しているように，初等教育段階で「水泳が無くなり」（p. 9），職業学校では体育の授業時数そのものが無くなった．アイルランドとポルトガルでも最近，授業時数の削減が論議の俎上にのぼった（September, 1988）．ポルトガルでは，文部大臣が，コア教科としての位置づけを外すことも含めて，初等教育ならびに中等教育双方での授業時数削減を示唆した．しかし，幸いなことに，国内外でみられるようになった体育に対する関心の高さが，文部大臣を心変わりさせた．

5歳から16歳の子ども達に対する政府支援のナショナルカリキュラムの導入以降に実施されたイングランドとウェールズでの調査では，中等段階で体育の授業に実質的に配当されている時間数が減少傾向にあることが報告されている．「14歳以上の子ども達に週2時間以下の授業時数しか保証していない学校が75%ある」（The Daily Telegraph, 1995, p. 6）．授業時数が削減される主たる理由は，（英語，数学ならびに科学という）3つのコア教科とテクノロジー研究が重視されていることにある．現時点では，読み書き能力と理数系学力の向上が政府の教育政策の中で至上命令となっている．あるアジェンダでは，イングランドとウェールズの初等教育段階（5歳から11歳）のカリキュラムでは2年間，体育をカリキュラム上，法令で決められた規定どおりに実施しなくてもよいことになった．

体育の授業を規定どおりに実施しなくてもよいという決定が示された時期以降に実施された全国調査（Speednet, 1999）では，小学校段階では，読み書きや理数系の学習のために，50万時間以上の体育授業が実施されずに終わったことが示されている．また，最終学年の体育だけに限って話をしても，1/3の小学校が，授業時数削減の影響に苦しんでいると報告されている．これらの学校のうち半数は，毎週，体育の授業時数を30分喪失し（授業時数全体の33%に当たる），さらに20%の学校では60分（授業時数全体の約66%）を喪失した．時間割上の時間数確保や試験実施のための施設使用を要求する他教科からのプレッシャーが加えられるということは，取りも直さず，体育の時間数の削減で，ナショナルカリキュラムを実施していく時間がなく，子ども達に積極的で健全な生活スタイル構築に向けて必要な正しいメッセージを伝えていくために必要な時間が不足することを意味し

ている．

　アメリカ全土を見渡せば，体育は必修教科でもないし，カリキュラム上で教科として標準的に位置づけられているわけでもない．子ども達は，必ずしも体育の授業を受けなくてもよい．毎日，質の高い体育の授業を実施している学校と不適切なプログラムが提供されている学校との差が激しい．50%以上の州は高校で体育の授業を実施していないか，卒業要件になっても1学期間あるいは1年間の履習に留まっている．幼稚園から12年生の子ども達全員に対して毎日体育の授業を実施するように求めた米国公衆衛生局のレポートを採択している州は，ほとんどない．「私が生徒達と顔を合わせるのは，週に25分しかない．体育の授業で生徒と顔を合わせるのは年間でも13～14時間にすぎない．毎日30分，体育の授業を実施するように求めた法律なんてどこにあるんだ」とある教師は語っている(Streych, 1999)．毎日体育の授業を実施することを必修として課しているところは，まず皆無である．わずか1州（イリノイ）のみが幼稚園から12年生までの生徒達に毎日体育を実施することを求めている．しかし，そこでさえ，体育に対する「アカデミックな評価の低さ」が報告されている．毎日体育の授業を実施するという拘束を自主的に外すように圧力をかけられている学校区は数多く存在する．また，必修外しを求める攻撃は常に加えられている（助教授）．(コロラド，ミシピッピー，サウス・ダコダの) 3つの州では，体育は必修教科とされていない(National Association for Sport and Physical Education, 1998)．

　日本では，積極的に運動をしている人々の人数やフィットネスレベルが，過去10年間で低下している．他方で，（平均体重の120％以上と定義した場合の）肥満指数は，思春期の女子を除き，一般的には増加傾向がみられる．思春期の女子の場合は，西洋風のスリムなファッションモデルの影響を受けているためである(Katsumura, 1998, pp. 2-3)．皮肉なことに，座業中心の生活様式によってそのような深刻な問題群が生み出されているにもかかわらず，日本の文部省は，近年実施した学習指導要領の改訂時に，体育の授業時数を削減したのである．最近の日本にみられたこのような動きは，南半球にもみられる．最近，ブラジルでも体育のカリキュラムが改訂された．「長年，中等学校(3～5年生)では週3時間が，高校上級学年では3年間，体育の授業が行われていた．しかし，今や，体育の授業は週1～2時間になってしまった(体育の教授)」．しかし，楽観的になれる材料も

ある．「学校内で実施される授業時数は削減されたとはいえ，体育の地位は向上している」と信じられているのである（体育の教授）．

Ross and Hargreaves（1995）によれば，ニュージーランドでは，全学校段階で体育の授業時数が削減されていると同時に，アカデミックな能力の比較的高い生徒達に対しては体育の授業時間をアカデミックな教科の授業時間に振り代えるという，危険な動きも見られるという．

4．資　源
(a) 財　政

資源が限られているにもかかわらず，厳しい国内の財源からの予算獲得を求める一連の社会機関やサービス機関の要望が高まっている．このような状況の中では，公衆に対する説明責任を果たすという文脈内で，単なる経済的な理由以上の理由によって政府の政策が決定されていっても，何ら不思議ではない．政策決定時に便宜主義的な優先順序が付けられるのはごく当然のことである．そして，体育は，通常，政策上の協議事項として上位に位置づけられることはない．ある調査では，多くの国/州（60％）では財政縮小の兆候が認められるという．そして，それは，将来的には体育プログラムの縮小をもたらすと考えられる．実際，回答者の46％は，体育に対する財政支援の縮小傾向がすでにみられるとコメントしている．

体育関連の予算削減は，さまざまな事態を引き起こしている．深刻な事態の一例が，Tremblay, Pella, and Taylor の報告（1996）である．彼らによれば，「カナダ各地で体育のプログラムが他教科との関係からみて不当に削減されている．政府関連部署が経費削減に踏み切ったことが，その原因である．小学校の体育の授業は，量のみならず，質的にも著しく低下した」(p. 5)．各州の教育大臣達は，体育の存在意義をほとんど認めていないようである（ある教育委員会は体育を教科として設定せず，視学官やコンサルタント，カリキュラムリーダーの人数を削減した）．そのため，毎日体育の授業を受けている子ども達は，12％に留まっている．教育委員会が示した最低基準すら満たしていない学校が，数多く存在している．

スイスでは，連邦が教科に設定した最低時数に抵触することになるにもかかわ

表 1.3 体育の授業で利用できる施設（％）

地域/国	適切	不適切
世界全体	31	69
アフリカ	7	93
北アメリカ	38	62
アメリカ合衆国	42	58
カナダ	13	87
ラテン/中央アメリカ	0	100
アジア	7	93
ヨーロッパ	39	61
西ヨーロッパ	52	48
北ヨーロッパ	34	66
南ヨーロッパ	44	56
中央/東ヨーロッパ	21	79
中東	27	73
オセアニア	30	70

らず，財政縮小のあおりを受けて，多くの州で体育の授業時数が削減されている（体育教師）．同様に，アイスランドでは財政緊縮政策のもと，1989年以降政府によって実施された体育の授業時数削減措置への抗議が続いている（助教授）．財政削減の影響を受ける例として数多く報告されているのが，水泳である．学校用の水泳施設に必要な管理運営費や移動手段の確保に莫大な費用が必要となる．そのため，ヨーロッパ諸国では，体育カリキュラムにとって重要な意味をもつこの構成要素の授業時数が削減されたり，場合によってはカリキュラムから削除されている．

(b) 施設と用具

1978年のユネスコ憲章第8条は，政府や他の公的機関，学校ならびに関連の私的機関に対して，体育，スポーツ実施に必要な施設ならびに用具の整備計画の作成や提供に向けて互いに協力するように促している（p.8）．調査結果が示しているように，2/3以上の国/州で深刻な物理的条件の不備が認められる（表1.3参照）．より一般的な物理的条件の不備は，施設数の不足という形で具現化している．一般的な問題は，施設不足という形で表れているが，施設の問題はメンテナンスが不十分なことによって，さらに悪化している．

世界各地域のいわゆる「発展途上国」の施設の整備状況は，極めて劣悪，あるいはまったく整備されていないという状況にある．特筆すべきは，カナダである．そこでの利用可能な施設は，極めて貧困である．

　アフリカからは，体育の授業を実施するために必要な適切な施設もなく，学校に備え付けられている数少ない用具も古かったり，破損しているという報告が数多く寄せられている．西ケープ州の42％の学校には，スポーツのできる施設が全くない（西ケープ州教育統計局）．

　Dunhamは，1987年にパプア・ニューギニアの状況を次のように報告している．すなわち，「施設，用具ならびに有資格の指導者」の不足によってプログラムが適切に実施されずに終わっていること，田舎ではグランドの整地が手作業で行われていること，ゴールポストはおおよその見当で設定されていること，バスケットボールのバックボードは固いぶどうのつるで木の支柱に縛り付けられていること，田舎の学校では，例えば高校全体でボールが1個，小学校では学校にボールが1つもないといった「深刻な道具不足」がみられることである（pp. 28-30）．パプア・ニューギニアでそれ以降に出された報告書でも，備え付けの用具がバレーボール1個，バスケットボール1個，場合によってはサッカーボールが1個という学校が数多く存在していると指摘されている（Doecke, 1998）．

　ハンガリーでは学校で体育がほとんど実施されていなかったり，全く実施されていないという厳しい現実が存在している（その原因の一部は施設不足に求めることができる）．体育館がなかったり，体育のプログラムのない学校は，全体の75％にのぼる（Anderson, 1996, p. 41）．ブルガリアでは1989年以降，施設や用具が不足するようになっていった．特に，「器械運動の用具」や「バスケットボール，バレーボール，サッカーボール」の不足が顕著である（体育の教授）．また，チェコ共和国では，どこにおいても酷い状況となっている．特に大都市では，施設が老朽化しているうえに，体育館やグランドを備えていない学校が多いというのである（大学体育講師）．

　発展途上国と先進国という，従来みられた分類基準を超えて問題が広がっている．この点を指摘するには，3つの事例をあげれば十分であろう．

　豊かな産油国であるにもかかわらずクウェートでは，新設校の大部分には屋内体育施設が設置されていない．例えば，極暑/極寒や砂漠の砂嵐等の厳しい気候に

さらされている国々では，適切な屋内施設がないからといって，体育の授業を屋外のみで行っていると明らかに危険である．そのため，そのような状況下で体育の授業を実施していると，授業そのものが中止されることが多くなる(Behbehani, 1992)．

　Hart (1999) は，全国校長会 (National Association of Head Teacher) による，特に小学校に焦点を当てた，貧困な体育施設，用具の実状を紹介した最近の調査を引用しながら，次のようにコメントしている．すなわち，イングランドとウェールズの学校を対象とした調査では，極めて不適切な施設がほとんどであり，グランドの管理状態が悪いため，排水上の問題が多い．学校のホールを集会や食堂，コンサート，試験のために利用するため，1/4の小学校では体育に必要な適切な授業時間数を設定できずに終わっている．用具もまた，不足している．

　　施設不足の学校があり，そのような学校では，使用できるボールが2, 3個であるため，ゲームに必要な個人的な技術練習ができなくなっている．書き方の練習をするのに学校内に鉛筆が2, 3本しかない状況を想像してみなさい (Oxley, 1988, p. 56)．

　スポーツイングランド会長である Trevor Brooking は，「運動しない」若者達の存在に言及しながら，施設不足の現状を強調し (Hawkey, 1999 からの引用)，次のようにコメントしている．

　　最低限のスポーツ施設すら設置していない学校が存在する．ようやく運動場を確保した．ただそれだけだ．その状況で一体どうやって体育の授業をしようというのか．過去10〜15年にわたり，施設の老朽化は明らかに進んでいる．諸施設は積極的に活用されないまま老朽化していく (p. 21)．

　あるジャーナリストは，深刻な施設不足について次のようにコメントしている．
　　州立学校は，ソファーに座ってポテトチップを食べながらテレビを見ている肥満児を輩出することになるという危機にさらされている．その理由は，施設不足ならびに体育やゲームを行う時間不足に求めることができる．……体育館のある小学校はほとんどない．プールやテニスコートは野ざらし状態である．運動場すらない学校もある (Halpin, 1999, p. 17)．

アメリカのニュージャージー州には，(食堂，講堂，体育館に使用する)多目的ルームを設置した学校がみられる．そのため，施設の利用可能性が制約されている．都市部には体育館のない学校や屋外施設の貧困な学校がみられる．ニューヨークのある教師は，次のように語っている．

> 夏の期間中，(体育館が図書館に転用されるため)学校から体育館がなくなってしまう．生徒数は多いのに，食堂で授業をせざるを得ないクラスがある．私は，それが嫌でたまらない．私は，校長にかけ合ったが，彼女は基本的には何の対応もしなかった．私は，毎日授業をすることが楽しかったのに，今では学校に行くのも嫌になってしまった (Travaglino, 1999)．

(c) 有資格の教師

1978年のユネスコ憲章は，その第4条で体育，スポーツに責任をもつ専門職についている人々は「適切なレベルで専門化された」資質を備えていなければならないと指摘した．世界で一般的にみられる共通認識は，中等教育段階では資格をもった「専門家」の体育教師が授業を実施するというものである．専門家の教師がある学校段階の授業を担当するというこの常識が満たされていない国もある．多くの国では，小学校の授業を担当しているジェネラリストの教師達は，体育授業の担当者として不適切な教育しか受けていない．

アフリカ，アジアならびにラテンアメリカの回答者達は，有資格の体育教師不足を強調している．ボツワナの体育の教授は，「大多数の体育教師達はトレーニングを受けていないし，体育の授業では遊んでいるのをただ見ているだけである」と述べている．マレーシアでは体育の授業担当者が無資格であることもしばしばであるし，実際に実施されている授業にも問題が多い．例えば，教師達は授業の開始時点で子ども達を自由に解放し，授業終了時に戻ってきて教室に連れ帰るだけといった報告もみられる．そのような教師達は，「リモートコントロール」教師と呼ばれている．彼らは，ボールを渡すと木のそばで座っていたり，教官室に戻ってしまう．そして，授業が終了する時点で笛を吹く．すると，子ども達は教室に戻っていくというのである (Rashid, 1994, p. 10)．

その種の不適切さは，フィリピンでもはっきりと認められる．フィリピンでは無資格の教師や，単に選手としての素養を備えているという理由だけで体育の授

業を担当するように要請された個人によって体育の授業が教えられている．彼らは，適切なトレーニングを受けていないし，用具や施設，空間が不足しているという条件下で教えている．さらに，気象条件の悪さや，よりアカデミックな教科が重視されることによって授業がキャンセルされている（政府官吏ならびに大学教授）．カリブ海の島セント・ビンセントでは，マレーシアと同様の現象がみられる．

> 教師達は，子ども達を屋外に連れ出し，そのまま「彼らのしたいこと」をさせるに任せていることが，よくみられる．子ども達を連れ出し，数人の子どもと一緒にゲームをしている教師もいる．しかし，彼らは，それ以外の生徒には目もくれていない．実施されている授業の大部分がでたらめである（政府官吏）．

オーストラリアの学校にみられる事例は，体育の専門家ではない教師達の場合，体育の授業が教師の「気まぐれ」で展開されていることを示している．Hickey が1992 年に記したレビューでは，ヴィクトリア州の状況が次のように紹介されている．すなわち，クラス担任の 73％は体育の授業を担当するために必要なトレーニングを受けていなかったし，32％の学校は何らの現職教育（in-service trainig）をも実施していなかった．ダンス，陸上運動ならびに一般的なボール操作の技能を身につけていなかった．政府の適切な援助はと言えば，現職教師教育のわずか 2％を人的資源開発のプログラムに参加させたにすぎなかった．このプログラムこそ，体育プログラムを開発し計画しようとする学校を支援するために作成されたものであった．

Hickey の調査以降，オーストラリアのヴィクトリア州では，体育の学習指導の質を向上させるための試みが展開されている．それは，PASE（Physical and Sport Education）の専門職育成コースで展開されている．Riley and Donald（1988）が示唆するように，約 10,000 人以上の教師達が現職教育を受けている．しかし，現実には学校体育やスポーツ教育プログラムの学習指導の質はそれほど向上していない．アイデアを素早く実践に移そうとする熱意がせっかくコース受講中に培われても，カリキュラム上，他の要素がより重視されるために，熱意は維持されず，冷めていってしまっている．

大学での教師教育の実態は，オーストラリアのビクトリア州の抱えている別の

問題を示している．ACHPER 教師教育調査委員会は，ビクトリア州の教職基準審査委員会（Standards Council of the Teaching Profession, SCTP）が課している要求事項と体育教師教育（PETE）の実態を検討した．その結果，「大学が体育コースに要求している内容が減少している」(p. 8) ことが明らかになっている．卒業生が体育/スポーツの研究成果を幅広く理解しているという予想は，「達成されつつあるとは言えない」(p. 9) というのである．「（さらに）初等教育ならびに中等教育段階で体育の授業を担当する資格授与という観点からみた場合，そこで要求されている最低限の事項が全く満たされていない大学がいくつもある」(p. 17)．「コースの変更がヴィクトリア州の初等教育段階での体育，スポーツ教育衰退の原因になっている」(p. 9) と報告書は指摘している．例えば，実際に現場で体育の授業を実施することを要求していない大学が多々見られるという．

調査委員会は，教育学士（Dip. Ed/B. Ed.）を並置したヒューマンムーブメントの学位，あるいはヒューマン・ムーブメントと学習指導の学位は，中等教育段階のカリキュラム全体に対応する能力保証という観点からみて不適切であると指摘している（pp. 13-14）．実際に教える内容に関する知識が不十分であることが，その理由である．調査委員会は，カリキュラム上提供されている体育の実践や理論に関する知識の不適切さ，学位取得で要求されている実践的知識が不足していること，中等教育段階でのカリキュラム全体に関わって指導する実践経験保証手続きの不備，さらには初等教育段階で実際に指導する実践経験保証手続きの不備を最終的に指摘している．それらは，DOE スクールで教えるには不適切なプログラムしか提供していない学位がいつくか存在していることを示している（ACHPER Victorian Branch Inc. 1997）．

ニュージーランドでは，情報源となる現職の人材や情報策が必要最低限に押さえられてきた．しかも，体育への助言サービス数が著しく減少しているために，その状況はさらに悪化している．このようにして，リーダーシップが発揮されなくなるとともに，教師達への援助も与えられなくなってきている（Grant, 1992）．1950 年代には 80 人の助言者をそろえ，ピークに達していたサービスも，1980 年代の「新保守主義（New Right）」の改革で息の根を止められた．助言数は 1982 年までに 20 に減少し，1990 年代には 9 にまで減少した（Stothart, 1997）．10 年以上も前に Dunharm (1987) は，パプアニューギニアの初等教育段階の体育は「体育

の授業担当に必要な教育をほとんど受けていないか，あるいは全く受けていない」クラス担任教師によって教えられてきた（p. 27）と報告している．また，高校では通常，「スポーツマスター」と呼ばれるクラス担任によって教えられていたと報告している．スポーツマスターとは，通常，「自ら積極的にスポーツを行ってはいるが，体育に関しては公的な教育を一切受けていなかったり，ほとんど受けていない人たちを指す」（p. 28）．Doecke（1998）によれば，10年の時間が過ぎ去った今でも事情はほとんど変わっていないという．

不備は，イングランドでも同様にみられる．Oxley（1998）によれば，そこでは次のような状況がみられるという．

「不幸なことに，小学校に勤務する初任者達に対する教育は，体育の授業を担当するために必要な能力を学生に身につけさせるという観点からみれば，不適切なものである(体育は，10年前に比べて半分の時間しか割り当てられていない)．また，現職教員に対する教育も皮相的なものに留まっている．地域の権威筋が体育の授業を援助しようとしても，財政難や視学官の対応，体育以外に優先すべき事項が存在している．そのため，それもかなわない．それが，現状を生み出している（p. 57）」．

教育・労働省が資金を提供している初任者教育のプログラムに体育を組み入れている地方自治体の教育委員会はほとんどない．初等教育学校の教師になるための教育を受けている人々の中には，体育授業の指導法に関するトレーニングを8時間以下しか受けないケースもみられる．「平均すれば，大学院生23時間，学部学生は32時間履修することになっている」．しかし，7.5時間以下のケースもみられる（OFSTEDレポート．THES1月8日号，p. 2より引用）．

カナダのオンタリオ州で最近示された指針は，若者の健康問題に言及している．そこでは，健全で活動的な生活，運動技能ならびに運動への積極的な参加という，ライフスキルの重要性が指摘されている．「要求されたカリキュラムにかけられた期待やその責任に対処できるようにしていくにはどうすればいいのか，その方法が保健体育の授業運営に関してほとんど教育を受けていない教師達に何ら示されていないこと」（Luke, 1999, p. 14）に問題がある．

5．平等性に関わる問題
(a) ジェンダー

　平等な権利に関して言えば，84%の国/州で体育の授業でジェンダーの平等性が保証されていると考えられるとともに，さらにそれを直接保証する法的な手続きが存在している．これは，より肯定的に評価できる点である．しかし，84%というこの数字のとらえ方については注意が必要である．平等性に対する意識のレベルは国によって異なる．そして多くの国において実際にどの程度平等性が保障されているかを規定するのは，その平等性に対する意識の高さであるためである．アメリカの教育改革法第9条タイトル・ナインの効果が，調査の回答中でもしばしば指摘されていた．特に，ジェンダーバイアスを排除する授業計画の存在やアメリカ全土でその実現状況を監視する強力な根拠が存在していると答えた回答者が，アメリカには数多くみられた．しかし，体育の授業中にジェンダーに関する平等性が保証されているかどうか，疑問を呈する回答もみられた．実際，国/州の回答結果の16%は，この問題の存在を指摘していた．

　イスラム諸国の多くでは，宗教上の理由から，女性の体育授業への参加に制約を加えている．サウジ・アラビアでは，宗教上の理由からイスラム教徒の女性に対する体育の授業は実施されていない(体育講師)．学校内外で体育を展開することに対する制約は，イラン，イラク，アラブ首長国連邦，イエメンといった湾岸諸国に様々な形で見受けられる．体育のプログラム中で少女達に許されている活動の数やタイプに制約がみられる(少女達に提供される活動はさらに少ない)．しかし，他の国や文化圏に対しては，それは，それほどジェンダー問題に関する不平等を引き起こしていない現象として紹介されている．

　運動の効果を規定している文化的要因や信念もまた，ヨーロッパを含め，体育の授業中にジェンダーに関する不平等をもたらす原因である．マレーシアでは，「イスラム教の習慣が女性のスポーツ参加に影響を与えている．少女達を対象とした校内競技会は実施されていない（体育のコンサルタント―研究者)」．インドでは，体育が男女別習で実施されているし，スポーツ大会も男女別に実施されている．

　女子生徒達は，男子生徒達ほど機会に恵まれていない．男女共習は不可能である．文化や宗教が，男女共習を認めないためである．小学校では男女共習が可能

である．しかし，不幸なことに，小学校では体育の授業が実施されていない（スポーツ連盟職員）．

　パキスタンでは，「女子の体育授業の内容を限定してしまう文化的，宗教的圧力がみられる．女子達は四方を壁に囲まれた空間以外ではスポーツや身体活動を行うことを許されない（体育講師）」．トレーニングをすることが女性らしさを損なうことになるというヴィクトリア主義は，バハマやインドといった国に蔓延している．「特に，女性の身体を非女性的なものにしてしまうという理由から，田舎では女子達が体育の授業に参加できずにいる」（インドの体育講師）．

　興味深いことに，例えば，イギリスのように，いくつかの国では，体育の授業で伝統的なゲームを重視することは男子の授業参加を促し，女子の参加を拒むと感じられている．あるアルゼンチンの体育教師は，「男子は女子以上にスポーツをする機会がある．男子には取り組める教材があるにもかかわらず，女子にはそれがないからである」とコメントしている．このような機会の不平等さに関する指摘は，プエルトリコにもみられる．「一方では，男女共習の授業が実施されている．しかし，男子には女子以上に，校内スポーツ大会や学校間対抗試合の機会が保証されている」（体育講師）．

　適切な教育を十分受けてこなかった教師達が，ジェンダー問題に関わる不平等を引き起こしている国もいくつかみられる．「教師達は，男女の違いに対応できるような教育を受けていない」（大学の体育教師，リオ，ブラジル）．マラウィでは，十分な教育を受けた教師を国内各地に任用できない．そのため，女子が教科の学習で保証される基礎的能力を習得することが難しい（体育講師）．ボツワナでは，次のような体育の講師の報告がみられる．「参加しないことも女子の選択肢になっている．更衣室といった施設もない．そのため，女子達は，むしろ参加しないのである」．

　ウガンダでは，法律上ジェンダー問題に対する感受性を向上させることが謳われ，平等性を保証し，ジェンダー問題に対する感受性を向上させるカリキュラムが設定されているにもかかわらず，「少女達に対する社会的，文化的プレッシャーが存在している．そのため，ジェンダー問題に関する実質的な平等は保証されていない（VSO体育の専門家）」．バハマの政府官吏は，次のようにコメントしている．

「女性達は，自分達が興味を持ちそうなスポーツに参加するようには促されてはいない．彼女たちは，クラスに提供されている活動に取り組むよう，求められている．多くの女性達は，身体活動を辞する医学的な理由を見いだしていく．身体活動に関心のない，知的学力の高い女子生徒は，体育の授業を免除され，それを勉強に費やすことを管理職から認められるのである．」(政府官吏)

(b) 障害者

　障害を抱える生徒達の体育への統合状況に関するデータは，統合の試みが最低レベルに留まっていることを示している．その原因は，養護学校への分離政策にある．この傾向は同時に，障害の種類や程度に応じて普通学校内で全体的な統合/部分的な統合を進めようとする国/州にもみられる．その成否を分けているのは，条件である．オーストラリアでは，可能な際にはいつでも障害者を援助する「統合援助者 (integration Aides)」を用いて後者の試みが展開されている．この試みでは，従事することに意味のある活動を生徒に提供できるかどうかが重要である．なぜなら，授業そのものは主として健常者を想定して計画されているためである．それ以外にも，例えば，タスマニアでは次の問題が報告されている．「援助の必要性の高い」生徒を統合しようとする積極的な姿勢がみられるにもかかわらず，財政的基盤が不安定であり，学校として統合問題に対処するために必要なマニュアルも存在していない．また，補助者の援助も不足しているという (Swabey & Gillespie, 1999)．

　イングランドとウェールズのある地域で実施された Penney et al. (1994) の調査によれば，回答者の80%が，自分たちの学校では障害を抱える生徒達 (SEN) に体育の授業を提供できると感じていた．しかし，残りの回答者達は，そうできないと答えている．障害を抱えている生徒達に体育の授業を実施できない理由としては，特に施設が整っていないこと，適切なスタッフの不足，財政的基盤の不備があげられている．同調査にあたったチームは，障害を抱えている生徒達に体育の授業を実施していくために必要な物理的条件，この領域で対応できるスタッフのレベルとトレーニングの両面からみた人的条件が，議論の対象にされなければならないと指摘している．それは，特に，障害を抱えている生徒達を受け入れている多くの学校で論議されなければならないという．このような結論は，障害者や平等性をめぐる問題領域に幅広く適用できるものである．

6．体育をめぐる諸問題と現状

　世界的規模で実施した調査ならびに文献調査は，学校内での体育の地位をめぐっては，世界的規模や大陸規模ではっきりと報告されるべき問題が数多くあることを示唆している．それは，特に，実際に提供されている授業の質，体育カリキュラムの内容と性格，カリキュラム開発ならびに学校内での体育の将来像といった諸問題である．

　1987 年，Griffey は，カリフォルニアのある学生の発した次の発言を紹介している．「私は，体育の授業を受ける必要がないと思います．体育の授業は，私の将来の生活に必要なものを何ら提供してくれません．それは，本当に時間の浪費でしかありません．体育の授業では何も学ばなかったし，また，いろんなことを試みる機会すら与えられなかった」(p. 21)．Griffey は，その現場を見に行き，「私たちは彼ら（生徒）が有意味だと思える経験を保証し損なっている」(p. 21) と感じたという．Griffey の観察した現実は，マニトバの教育大臣が 1990 年代半ばにカリキュラム改革に向けて提案した「青写真」にはっきりと反映されている．それは，中学 1～4 のレベルで体育という教科を「補習あるいはオプション教科」(Johns, 1995, p. 15) に位置づけてしまったのである．ここで彼は，「社会は，学校内で実施されている体育によって得られた経験を決して肯定的には受け取っていない」(Janzen, 1995, p. 8 より引用) と述べている．これは，別の問題の存在を示唆することになる．実際に提供されている体育授業の質という問題である．

　1990 年代前半に実施された調査 (Krotee, 1992) は，ミネソタ州では，抽出された回答者の 45％が，生徒達が体育の授業に動機づけられていないか，否定的な態度を示すこと，また，教師を尊敬していないと答えていた．同様に，調査に当たった教育学者達 (Stroot, 1994 から引用した Tinning & Fitzcarence) は，当時，「青年期の生徒達にとっては，学校外の身体活動は有意味であっても，オーストラリアの学校内の体育は，不適切であり，退屈なものであった」(p. 336) と報告している．体育授業の質をめぐっては同様の問題やそれ以外の問題について論議が続けられているし，アメリカ合衆国やイギリスのコメンテーターが主張する根拠も存在する．Fifer (1999) は，その理由を次のように述べている．

　「貧困で」「受け入れがたい」プログラムが，我が国で提供されている．
　その結果，学校システム内に目を向けると，時間数やプログラム数の削

減や授業の縮小といった現象がみられるようになっている．ここで踏み
とどまらなければ，生徒達は年間45日しか体育の授業を受けられなくな
る．私たちは，私たちの設定した信頼に足り得るプログラムが，高校で
みられるような，暴力的で競争的なプログラムとは異なることを保護者
に説得しようと莫大な時間を費やしている．

イングランドでは，学校の授業を頻繁に観察した結果が，次のように報告され
ている．

「体育の授業時間中に有意味な活動が保証されていない．そのため彼は，
ストレスをつのらせ，若者の身体的な安寧に対する不安を拭えずにいる．
(小学校の生徒達は)体操を行う場面で体操をせずに，立っていたり，た
だ座っていたりしている．しかし，そのような状況は，ラウンダースや
クリケットといったゲームの場面にも頻繁にみられる．奇妙な側転を
行っていたり，防具を身につけて空手のまねごとをしたり，列になって
打順を待っていたりしている場面がみられる．しかし，小さなボールを
上手に受けたり，投げたり，打ったりできる子ども達はほとんどいない」
(Oxley, 1998, p. 56)．

一般的にみて，アフリカ大陸では体育のカリキュラムやシラバスに記載されて
いる内容は他教科の後塵を拝している．また，小学校から大学までのプログラム
の大部分は，「不適切ででたらめなもの」(Ajisafe, 1997, p. 24)である．Ajisafe
(1997)は，アフリカにおける体育の地位を規定している要因として，不適切な時
間配分や教育的にみて健全なカリキュラムを作成する方法論の欠如，有資格の体
育教師の不足，やる気のない教師が大多数を占める現実，貧困，失業，権力の個
人的占有，不安定な政情，部族的な政治ならびに汚職をあげている．

中等教育段階から体育が消滅したジンバブエとは対照的に，ナイジェリアでは
体育の授業の改善に向けた取り組みが展開されている．しかし，Shehu (1996) が
報告しているように，実際にそれを改善していくには対処すべき障害物も存在し
ている．施設や用具の不足といった授業実施の前提条件の不備や有資格の体育教
師の不足と教師のモラルや動機の低さ，カリキュラムで保証できる活動の選択肢
の少なさ，体育教師の果たしている役割やそれに与えられる評価の低さ，体育に
は知的内容や職業的な実態が伴っていないという生徒達の認識，カリキュラム開

発やその実質的な展開を妨げている財政難がそれである．

　Fifer（1999）が指摘した競争的なスポーツもまた，カリキュラム上の問題を引き起こしている．それは，Wilcox（1996）の調査で指摘された問題点の1つでもある．競争的なスポーツは，予算措置が取られるエリートスポーツ導入の前段階で対処すべき重点課題であると見なされていた．競争的なゲーム/スポーツへと明確に方向付けられたカリキュラムは，世界各地にみられる．その結果,「参加のディスコース」よりも「パフォーマンスのディスコース」が重視される．それは，一般的には受け入れがたい現象の一つである．

　カナダ，トロントのある小さな私立小学校の体育教師は，次のように述べている．「昨年，多くの体育の授業時間が，激しく，有害な競技会の犠牲にされました」（Flanagan, 1999）．インディアナ州では,「教師は，エリート競技者のみに対応している．そのため，大部分の授業では生徒達が自分の順番が来るのを列をなして待っている」（小学校の体育専科教師）という．バハマの政府官吏（1999）は,「最近では，子ども達全員に対して一般的な体育の授業を保証しようというよりも，学校間対抗競技プログラムに参加するエリート選手達の育成に重心を置くという考え方が一般的になっている」と述べている．

　オーストラリアでは，エリートスポーツが過度に重視されることへの批判が強まっている．Williams（1996）は，多額のお金の使い道について，次のように述べている．

　　「まず，オーストラリアスポーツ研究所（AIS）で養成されている一握りのエリートに費され，その残りが，オーストラリアのほとんどの子ども達の身体的な健康やフィットネスに振り向けられている．子ども達の健康やフィットネスは，最も軽視され，優位順位が低い．そして，体育は，学校内で低評価を受けることもしばしばである」（p. 4）．

　Nauright（1995）によれば，南オーストラリア州で「実際になされた体育の削減」（p. 5）は，オーストラリアが2000年のシドニーオリンピックでメダル獲得のために多大の予算をつぎ込んだ結果であるという．スポーツに対するそのような予算措置に対して「基礎的な体育プログラムに費やすべき予算の転用ではないか」との疑念を表明しているGrier（1995）は，メダル獲得に向けて費やされた予算と体育の実態を対応させながら持論を展開している．

しかしながら，このような批判がオーストラリアの「偽りのない真実，そして真実のみ」を正確に反映しているという印象をそのまま放置しておくことは，誤りである．1992年に上院による調査が実施される中で，州国土局（State and Territory Department）は体育カリキュラム改革に向けて様々な試みを展開した．実施された様々な試みが「成果をもたらした」と判断することはあまりに早計である．しかし，競争的なスポーツ志向がいくらか残っているとはいえ，クイーンズランド州では，例えば，恐らく体育は「峠を越した」（体育主任講師）と言われる変革初期の兆候がみられるようになっている．

オーストラリアで近年実施された試みと同様の試みは，世界を見回せば他にもみられる．ゲーム志向やスポーツの技能習熟を重視するカリキュラムは，現在でも幅広くみられる．しかし，他の，あるいはより幅広い教育的な成果が期待できるように，その目的や機能の再検討が進められている兆候がみられる．不適切な練習が与える影響が公衆衛生局のレポートで明らかにされた結果，アメリカではフィットネス志向のカリキュラムを導入する州がいくつもみられるようになった．例えば，ミシガン州ではミシガンフィジカルフィットネス協議会の開発した「範例的体育カリキュラム（Exemplary Phsyical Education Curriculum, EPEC）」が導入された．このプログラムの効果がみられたため，管理職達はカリキュラム上の体育の授業時数を増やした（少なくとも削減しなかった）．それは，特に，教師達に報償が与えられた際には顕著であった．プログラムが賞を受賞したのにそのプログラムの時間数を削減したのでは学校区に悪評がたつとGarrison（1999）はコメントしているが，これはおそらく皮肉であろう．

カナダでは，一般的に，アクティブリビングや運動，人格/社会性の発達を志向する内容をシラバスに掲載する傾向がみられる．ケベック州の新しいプログラムでは，幼稚園レベルから体育と健康教育が統合されている．ノバスコシア州の体育では，フィジカルフィットネスと身体活動が健康な身体育成に必須の要素として重視されている．高校段階では3つの選択コースがアクティブリビング，フィットネス，生涯にわたるレクリエーションスキルならびにリーダーシップの獲得に焦点を当てている．積極的に身体を活用する生活スタイルのコースは，11年生の生徒達に年間55時間，必修で課されている（Luke, 1999）．

体育と健康教育を結びつけたり，人格や社会性の発達と体育を関連づけるとい

う同様の試みは，他の国々にもみられる．しかし，そのようにして開発されたカリキュラムや改革に向けての他の試みが体育の地位向上や時間数確保，人的，財政的，物的条件の改善，そして，ひいては教科の安定した将来を保証してくれるかどうかは定かではない．日々提供されている体育カリキュラムの質が，教科の将来を規定する本質的要因である．

調査結果は，学校体育の将来に対する懐疑主義や悲観主義が蔓延していることをまさに示している．前述してきた近年展開されてきた様々な試みにもかかわらず，学校外の機関にそれがますます委託されるようになっていることや，約1/3近い回答者（31%）が競争志向のスポーツ重視の傾向が存在していることを指摘している．それらは，体育の将来に対して決して楽観的でいることができないこと，場合によっては近い将来，学校から体育が消滅してしまう可能性があることを示唆している．

経済的な発展状況で対局をなすパプアニューギニアとアメリカ合衆国のいずれにおいても，学校体育の将来に対する悲観的な指摘が見られる．Doecke (1998) は，パプアニューギニアでは体育は，教科としてのその周辺的な位置づけならびに過去から抱えてきている諸問題を解消しえていないが故に，ここ5年間ですべてを失う重大な危機に瀕しているという．

他方で，Steven上院議員が最近提案した1159条，すなわち，アメリカ国内の公立学校で体育プログラムを毎日提供できるようにする導入基金として5年間で4億ドルを支出する体育促進法（Physical Education for Progress Act, PEP Act）の制定にもかかわらず，身体活動の参加者は年齢や学年が向上するにつれて急速に減少している．体育の授業中に毎日20分間以上身体活動を営んでいる体育の履修者は，1990年代の高校で19%に急減している（Surgeon General, 1996）．履修者減に伴いアメリカでは，「休憩時間」や「体育館への往復の時間」を学習指導の時間に含めてしまったり，「体育館で行っているミーティング」を体育の授業時間に含める学校もいつくか出てきている（学校体育教師）．

結　語

個人的な回答から世界的規模にわたる調査や文献研究によって収集されたデータは，学校体育が壊滅的な状態に陥っていることを示している．しかし，おそら

く「現実」はそれほど悲惨ではないのかもしれない．実際，肯定的に受け入れられているプログラムや良質の実践が，すべてではないにせよ，多くの国々の学校体育の授業や体育教師教育の場で提供されている．したがって，それに触れないことは問題であろう．同様に，理想的で，しばしば政治的な色彩を与えられているレトリックが，真実を生み出し得るし，実際にそのような状況が生み出されている．原理，政策ならびに目的が公的な文書で提示されている．それにもかかわらず，それが実施に移されると，現実には，国策上提示されているイデオロギーと現実が著しくかけ離れていく．先述した調査結果は，そのような矛盾が存在していることを明確に指摘する確固たる根拠を与えてくれる．状況がどうであれ，次世紀につなぐ挑戦が必要であるとの認識は，世界共通である．

　体育は，間違いなく，守勢に追い込まれてきた．カリキュラム上の時間数削減，不十分な財政や物的，人的資源からもたらされる予算的制約に悩まされながら，体育は教科として低い地位を与えられ，低い評価を受けてきた．さらに，政府当局からは常により周辺的で，価値の低い教科とみなされてきた．よくとも，学校カリキュラム上で表面的に位置づけられてきたに過ぎない．多くの国々で，体育は子ども達の知的発達に貢献する，重要なアカデミックな教科と同等に位置づけられると見なされてこなかった．ロサンジェルスで教師とコーチを努める Cracchiolo (1997) は，アメリカで現在進められている学校改革に関するコメントの中で，この点について次のように述べている．

> 「学校区レベルの教育委員会は，体育プログラムに対して否定的な態度を示している．一般に，体育教師達は二流の市民だとみなされている．生徒達の体育の評価は，GPA の平均点に達してはいないし，大学入学の際に考慮されない．」(p. 11)

Cracchilo のコメントは，極めて皮肉の強いものであろう．しかし，実際にここかしこでみられる状況や調査結果から得られた知見は，従来の調査や文献調査が明らかにしてきた知見を支持している．したがって，世界的な共通認識の妥当性を強く支持するものである．学校体育は，世界中のあらゆる大陸の多くの国々でまさに危機に瀕している．

　この点こそが，国際的に取り組むべき問題である．その解決策の1つが，国際的な行動である．国際的なコミュニティ内での共同作業を通してそのような，積

極的な行動がすでに見られるようになっていることで，我々は励まされている（Hardman, 1999 参照）．重要な機関に対して「有意味な」メッセージを効果的に届けるためには，関心を共有するすべての組織や機関が共同的なパートナーシップを提携し，具体的な行動を展開していくことが必要になる．そうしなければ，Benazziza（1998）の発言にみるように，（先述したような）「否定的な状況がより多くの国々に蔓延していく」（p. 6）．1978 年のユネスコ体育・スポーツ憲章 10 条は，国際的な共同作業について次のように記している．

> 「体育をバランス良く，全世界に普及させていくことが必要不可欠である．（組織ができる範囲内で)体育は，幅広く多面的に国際的な協力関係を築ける最たるものである．（そのような共同作業が）世界中の体育の発展に貢献することになる．」（p. 10）

政府間組織一般や，特に，学校体育に対する具体的な責務を負っている国家/州政府や地方委員会は，将来も体育が存続し，豊かに発展するための行動を即座に起こすべきであると要請されているし，本当にそれに対応すべきである．ここでは，語ることではなく，行動することの重要性が強調されなければならない．体育が「危機に瀕している」のに「時間を浪費している暇はない」．調査は，学校体育の地位が危機に瀕していることを誰の目にもはっきりと分かるように示している．ユネスコの提案に対して政府組織ならびに非政府組織がどの程度追従するのかが，ここで発せられたメッセージがどの程度周知，徹底され，実際に行動に移されているのかを分けることになろう．この世界体育サミットという表現は，このメッセージを明確に表現する重要な道具となろう．

●文　献

- ACHPER Victorian Branch Inc. (1997). Physical education, teacher education in Victorian universities 1997. *Report of ACHPER Teacher Training Working Party.* Melbourne, ACHPER, Victorian Branch, Inc. October.
- Ajisafe, M. O. (1997). Some hints on the status of P. E. and sports in Africa. *ICSSPE/CIEPSS Bulletin,* 23. 24–26.
- Andersen, D. (1996). Health and physical education in Hungary：a status report. *ICHPER・SD Journal,* Vol. XXXII, (2), Winter. 40–42.
- Antala, B., Sykora, F. and Sedlacek, J. (1992). Topical problems of

physical education in schools in Czechoslovakia. *British Journal of Physical Education,* 23 (4), 20-22.
- Arbeitskreise der Kultusminister der Länder, der kommunalen Spitzenverbände des Präsidiums des DSB (1956). *Empfehlungen zur Förderung der Leibeserziehung in den Schulen.* Bonn, K. M. K. 24 September.
- Asteri, D. (1995). News from the nations. Greece. *Bulletin of IAPESGW,* 5, (1), January. 6-7.
- Behbehani, K. (1992). Physical education in the State of Kuwait. British *Journal of Physical Education,* 23 (4), Winter. 33-35.
- Benaziza, H. (1998). Report *"Guidelines for Action".* Geneva ; WHO, December.
- Bonhomme, G. (1992). The training of physical education teachers in France. *Paper. SCOPE Conference. 'The training of physical education teachers—the European dimension'.* University of Warwick, 27-29 November.
- Cracchiolo, C. (1997). Letter in "Issues". *JOPERD,* 68 (9), Nov/Dec. 11.
- Deutscher Sportbund (1966). *Charta des Deutschen Sports.* Frankfurt ; DSB.
- Deutscher Sportbund (1997). *Gehört Schulsport noch zum öffentlichen Bildungsgebot? Dokumentation der Anhörung des Deutschen Sportbundes zum Schulsport.* Frankfurt, DSB. 16 June.
- Doecke, P. J. (1998). An uncertain future for physical education in Papua New Guinea. *ICHPER • SD Journal,* XXXV (2). 11-16.
- Dunham, P. (1987). Papua New Guinea. Physical education and sport. *JOPERD,* 58 (9), November-December. 27-30.
- Fifer, J. (1999). Semester vs. all year physical education. *PE Talk-Digest,* 12 May.
- Flanagan, L. (1999). *PE Talk-Digest,* 25 June.
- Garrison, S. (1999). Michigan PE Programs. *PE Talk-Digest,* 3 June.
- Grant, B. C. (1992). Integrating sport into the physical education curriculum in New Zealand secondary schools. *Quest,* 44. 304-316.
- Grier. J. (1995). News from the nations. Australia. *Bulletin of IAPESGW,* 5 (1), January. 5.
- Griffey, D. C. (1987). Trouble for sure—a crisis perhaps. Secondary school physical education today. *JOPERD,* 58 (2), February. 20-21.
- Halpin, T. (1999). No-gym generation. State students may turn into couch

potatoes, heads warn. *Daily Mail,* Friday, March 5. 17.
- Hardman, K. (1993). Physical education within the school curriculum. Mester, J. (Ed.), *'Sport sciences in Europe 1993'—current and future perspectives.* Aachen, Meyer and Meyer Verlag. 544-560.
- Hardman, K. (1994). Physical education in schools. Bell, F. I. and Van Glyn, G. H. (Eds.), Access to active living. *Proceedings of the 10th Commonwealth & International Scientific Congress,* Victoria, Canada, University of Victoria. 71-76.
- Hardman, K. (1996). The fall and rise of physical education in international context. *Symposium Paper, Pre-Olympic and International Scientific Congress,* Dallas, Texas, 9-14 July.
- Hardman, K. (1998). Threats to physical education! Threats to sport for all. *Paper presented at the I. O. C. VII World Congress "Sport for All",* Barcelona, Spain, 19-22 November 1998.
- Hardman, K. (1999). Reconstruction and partnership : strategies to sustain school p. e. for the future. *Paper presented at the ICHPER World Congress,* Cairo, Egypt, 3-8 July.
- Hart, D. (1999). No gym generation. *Daily Mail.* Friday, 5 March. 17.
- Hawkey, I. (1999). Brooking goes from midfield to fast forward. *The Sunday Times. Sport,* 18 April. 21.
- Hickey, C. (1992). Physical education in Victorian primary schools : a review of current provision. *The ACHPER National Journal,* Summer. 18-23.
- Jable, J. T. (1997). Whatever happened to physical education? *Journal of Interdisciplinary Research in Physical Education,* 2 (1). 77-93.
- Janzen, H. (1995). The status of physical education in Canadian public schools". *CAPHERD Journal,* 61, (3), Autumn. 5-9.
- Jenne, K. (1997). Spreading physical education to Cape Town schools. *ICSSPE/CIEPSS Bulletin,* 23, 28-29.
- Johns, D. (1996). Hong Kong chidren at risk : the challenge to school physical education. *CAHPERD/ACSEPLD Journal,* 62 (3). 12-14.
- Katsumura, T. (1998). *Report on physical education in school and physical activity of children and adolescents in Japan.* Esbjerg, Denmark, WHO Meeting : "Active Living". 24-27 May.
- Katzenellenbogen, E. (1995). News from the nations. South Africa. *Bulletin of IAPESGW,* 5 (1), January. 9-10.

- Keim, M. (1999). From an In-service Training Project (INSET) to a Further Diploma in Physical and Health Education (FDE)—a progress report. *Paper presented at the Pre-All-African Games Congress*, Johannesburg, 6-9 September.
- Keim, K.M. and Zinn, K. (1998). In-service training project in the Western Cape, (INSET): A collaborative attempt to keep physical education in South African Schools. *African Journal for Physical, Health Education Recreation and Dance*, 4 (2), October. 121-127.
- K. M. K. (1966). *Rahmenrichtlinien für die Leibeserziehung an den Schulen der B. R. D.* Bonn, K. M. K.
- Krotee, M. L. (1992). Physical education in the United States: overview, issues and problems. *British Journal of Physical Education*, 23 (4), Winter, 1992. 7-10.
- Li, Z. S. (1989). Controversy of intercollegiate athietics. *Gengshu Scientific Research of Sports and Physical Education*, 2. 68-71.
- Loopstra, O. and Van der Gugten, T. (1997). *Physical education from a European point of view*. EU-1478.
- Luke, M. D. (1999). *Physical and health education curricula: a cross-Canada perspective*. Unpublished manuscript, February.
- Macdonald, D. and Brooker, R. (1997). Moving beyond the crises in secondary physical education: an Australian initiative. *Journal of Teaching Physical Education*, 16. 155-175.
- Mackendrick, M. (1996). Active living+quality daily physical education= the perfect solution. *CAHPERD Journal*, 62, (1), 2.
- National Association of Head Teachers, (1999). *Survey of PE and sport in schools. Report* Haywards Heath, NAHT, Thursday 4 March.
- National Association for Sport and Physical Education (1998). Shape of the nation. A Survey. Virginia, NASPE.
- Naul, R. (1992). German unification: curriculum development and physical education at school in East Germany. *British Journal of Physical Education*, 23 (4), Winter. 14-19.
- Nauright, J. (1995). Aussie 2000—policies for medals. Unpublished paper, Kuwait Olympic Centre, Kuwait, May.
- Oxley, J. (1998). Never mind literacy and numerically —what about physical education? BAALPE, *Bulletin of Physical Education*, 34 (1). 55-57.

- Peng, S. (1998). Physlcal education in China : a comment. *Journal of Physical Education New Zealand,* 31 (1), Autumn. 4-5.
- Penney, D. and Evans, J. with Hennick, M. and Bryant, A. (1994). The implementation of the national curriculum for physical education : report of findings of a questionnaire survey of state *middle schools. ESRC PROJECT No. ROO 23 3629. The impact of the Education Reform Act (1988) on the provision of physical education and sport in state schools in England and Wales.* November.
- Pulis. P. L. (1994). *The structural organisation of physical education in Maltese state secondary schools.* Unpublished M. Ed. Dissertation, University of Malta, Malta.
- Rashid, S. (1994). *The physical education curriculum in Malaysia.* Unpublished paper, University of Manchester, May.
- Riley, C. and Donald, M. (1998) Changes in the teaching of PE brought about by a 20 hour 'in-service' course. Case Studies. *ICHPER Europe Proceedings,* London, UK.
- Ross, J. and Cowley, V. (1995). Just how much physical education are students getting? Part 1 : Junior levels to form two. *Journal of Physical Education New Zealand,* 28 (1), Autumn 3-8.
- Ross, J. and Hargreaves, J. (1995). Just how much physical education are students getting? Part 2 : form 3 to form 7. *Journal of Physical Education New Zealand,* 28 (2), Winter. 3-9.
- Shehu, J. (1996). Implementation of Nigerian secondary school physical education curriculum : observations and suggestions. *ICHPER • SD Journal,* XXXII, (2), Winter. 17-20.
- Shuttleworth, J. and Wan-Ka, C. (1998). Youth sport-for-all education in Hong Kong. A social impact assessment. *Paper presented at the VII World Congress 'Sport for All',* Barcelona Spain, November 19-22.
- Sollerhed, A.-C, (1999). The status of physical education in the Swedish school system. Paper, ICHPER. SD 42nd World Congress, *Developing Strategies of International Co-operation in Promotion of HPERSD for the New Millennium.* Cairo, Egypt 2-8 July.
- Speednet (1999). Effects of the suspension of the Order for national curriculum physical education at key stages 1 and 2 on physical education in primary schools during 1989. Interim summary of findings. National 'Speednet' Survey. Press Release, 19 August.

- Stothart, R. A. (1997). The rise and demise of a physical education advisory service : the New Zealand experience. *F. I. E. P. Bulletin,* 67 (3), Autumn-Winter. 23-25.
- Stretch, V. (1999). P. E. meeting times. *PE Talk-Digest,* 2 June.
- Steeves, C. W. (1999). Canadian phys. ed. curriculum. *PE Talk/Digest.* 12 May.
- Stroot, S. A. (1994). Contemporary crisis or emerging reform? A review of secondary school physical education. *Journal of Teaching Physical Education,* 13. 333-341.
- Surgeon General (1996). *Physical activity and health : a Report of the Surgeon General. Chapter Conclusions.* Washington.
- Swabey, K. and Gillespie, K. (1999). The inclusion policy in practice during physical education. Paper, ICHPER. SD 42nd World Congress, *Developing Strategies of International Co-operation in Promotion of HPERSD for the New Millennium.* Cairo, Egypt 2-8 July.
- *The Daily Telegraph* (1995). 22 March. 6.
- *Times Higher Educational Supplement,* (1999). 8 January. 2.
- Travaglino, S., (1999). No gym. *PE talk-Digest* V1 # 1184, 28 September. Nanuet. New York.
- Tremblay, M., Pella, T. and Taylor, K. (1996). The quality and quantity of school-based physical education : a growing concern. *CAHPERD. ACSEPLD Journal,* 62 (4), Winter, 4-7.
- UNESCO, (1978). *Charter for Physical Education and Sport.* Paris, UNESCO.
- Van Oudenaarde, E. (1995). News from the nations. *Bulletin of IAPES-GW,* 5 (1), January, 9.
- Wamukoya, E.K. and Hardman, K. (1992). Physical education in Kenyan Secondary Schools. *British Journal of Physical Education,* 23 (4), Winter. 30-33.
- Western Cape Education Statistics Department (1998). *DET : Annual Reports (1980-1986).* Pretoria, The Government Printer.
- Wilcox, R. (1996). *Shared skepticism and domestic doubts : globalization, localization, and the challenges to physical education in the world today.* Paper presented at the Pre-Olympic Scientific Congress, Dallas. Texas, 9-13 July.
- Williams, G. (1996). "Let's get more physical". *The Sydney Morning*

Herald, Wednesday, 10 January. 4.

- Yiallourides, G. (1998). *Factors influencing the attitudes of 9-14 year old Cypriot pupils towards physical education.* Unpublished Ph. D. Thesis, University of Manchester, 1998.

2　体育の事実

Margaret Talbot
Vice-President ICSSPE, President IAPESGW
Leeds Metropolitan University, United Kingdom

　著者にとって，ここで体育の真実について，事実の申し立てをすることは名誉であり喜びでもある．著者が扱うこの問題は，極めて当たり前の，また今求められている課題であると理解している．だから，ここでの弁護が強力で，かつ説得力があるべきだと考えている．また，世界中の様々な場所では体育に異なった意味が付与され，体育が多面的に理解されているからこそ，検討される必要がある．しかし，一方では単純なことでもある．違いをこえて，今，世界中の子ども達や若者達が体育を必要としているという強力なメッセージがあるからである．

　まず，問題の輪郭を述べる前に，世界の若者達の生活の中で，体育がどんな位置を占めているかを議論するために，以前になされた様々なワークを確認したいと思う．それらには次のものがある．ユネスコによる 1978 年の宣言書（UNESCO, 1978）；国際オリンピック委員会と世界保健機構（WHO, 1998）が，持続可能な彼らの役割を認識して，体育を支援するために要請された幾つかのワーク；1995 年にケベックで行われたワールドフォーラムに参加した人たちによる"体育の地球的見解"という成果（CAHPER & AAHPERD, 1995）；そして ICSSPE と我々メンバー機構の両方によって引き受けられたワーク，また我々の仲間である国際機構 ICHPER-SD―この組織の会長と書記長は，今回のワールドサミットに招待されている―という機関によって行われたワークである．著者は，これらのすべてを今回の発表で用いる資料として準備した（付録 2 参照）．

　今回の著者の発表に課せられた課題は，子ども達や若者達の必要と興味に焦点づけて，体育の真実を申したてる事例を発表することである．後で著者の同僚が

用意するもっと詳しい特徴のある証拠と共に，全体像をお見せしたい．著者は体育の信奉者であり，伝道者であるが，同時に研究者でもある．だから，著者はこの発表を，議論のためにいくつかの要素を設定することから始めたいと思う．第一に，著者の議論は優れた体育という仮説に基づいている．第二に，著者の議論は現実的であり実践的である．また構造と状況に関連しつつ，科学的・教育的な理論的根拠の両方に基づいている．

　著者は，次の特徴を使って体育を定義づけたい．体育とは；
- 全人として必要な身体的教養と統合された成長を促進することを目的とする（McConachie-Smith, 1992；Pica, 1997）．
- 生涯にわたる身体活動やスポーツに必要とされ，また21世紀の労働や家庭生活，レジャーに効果的に参加するために必要とされる運動技能や理解への体系だった導入であり，その技能と理解を通しての発達なのである．そしてまた，機会と偶然のチャンスに依存するといった類の学習から，優れた体育を区別するという体系的，系統的なアプローチである（Talbot, 1993）．
- 「運動するための学習（Learning to move）」と「学習するための運動（Moving to learn）」の両方を含む（Sugden & Talbot, 1998）．

「運動するための学習」すなわちスポーツへの教育は多分もっとも普通に一般の人に理解されている．そしてこれには，活動に参加するのに必要な技能と理解の学習，人体の知識と運動のための許容度，体育に本来備わっている学習が含まれている．それらは手と目の協応性，空間・スピード・距離などをうまく処理すること，また身体活動について「何を？」「どのように？」行うかを知ることを含んでいる．一方，「学習するための運動」は，学習の状況として，また手段として身体活動を用いる．これは身体活動には本来備わってはいないが，しかし価値のある外在的な教育的レッスンである全体的な学習の成果を含んでいる．これらには，たとえば社会的技能，協力と競争の調整，美的判断を適用すること，言語・数等を使用することなど，どのような時に，また，どのような理由で，異なった行動や行為が適切で効果的かを知ることを含んでいる．このユニークで二元的な学習へのアプローチは，体育を他の身体活動の形式から明確に区別する．重大な焦点が学習に置かれるように，楽しみに満ち，身体で活動に参加するその過程にも重

大な焦点が置かれる．
　体育には，学習指導過程で他の学習や学校の経験では分かち合えない特徴のある顕著な特色がある．
- 身体，身体活動，身体的発達に焦点をおいた唯一の教育的経験である（Department of Education & Science, 1991）．
- 子ども達が自分自身の，また他者の身体への敬意を育てることを助ける．
- 統合された心身の発達へ貢献する（Gallahue, 1993）．
- 健康における有酸素運動や無酸素運動の重要性の理解を促す（Bailey, 1999；Blair & Meredith, 1997；WHO, 1998）．
- 自信と自尊心を積極的に強化する（Fox, 1988, 1989）．
- 社会的，認知的発達と学業成績を向上させる（Gallahue, 1993；Shephard, 1997；Shephard & Levelle, 1994）．

同様に，優れた体育プログラムがもたらす積極的成果や特徴の輪郭を示すことができる．このことについては，後でもう少し詳述するが，体育は次のことができる：
- 協力，競争，勝敗にうまく対処することを子ども達に準備させる．
- 社会的技能を発達させ，道徳的，美的発達に顕著に貢献する．
- スポーツ，身体活動，レジャーにおける将来の活動に必要な技能と知識を与える．
- 性別，文化的背景あるいは能力が何であろうと，すべての子ども達と若者達を含む．
- すべての子ども達と若者達が生涯，身体活動とスポーツに参加するのに必要な技能と理解を学習することを手助けする唯一の総合的な方法を与える．

このサミットの目的は学校カリキュラムのなかで，体育の位置を確保することにあると記憶しておく価値がある．しかしながら，しばらくの間は教育が意味するものが何であるかに，次の特徴を挙げながら焦点を置きたいと思う．
- 人生を通して継続する，しかも終わることのない，生涯のプロセスである．
- 教育は世界のすべての国で成り行き任せにすべきものではない．そしてまた知識や技能を子ども達に伝える家族にさえも任せてはいけない．教育は

公的な政府部門の為すべきことであり，しばしば国民総生産（GNP）を多く使う．実際，教育に費やされるGNPの割合がその国の将来の経済発展のレベルとその文化の"文明化"の度合いを測るバロメーターとしてよく用いられる．

- 教育は個々人にとって，また国々にとって将来の投資として認識されている．
- 教育は学校，カレッジ，総合大学，現職教育や在職中のトレーニングを提供する組織などの公共施設や公的組織に代表される物理的，行政的社会基盤（インフラ）を含むことを意味している．
- そして最後に，世界のほとんどの先進国で，近年は一層地球全体で，教育はすべての子ども達にとっての権利―特典である．特殊な文化や民族的理由，田舎ということで，国家あるいは家族が女の子や子ども達に教育を与える余裕がなかったり，与えることを選択しない未開発の地域がまだある．しかし教育は国際連合とその機関によって，人間の基本的権利としてみなされている．そしてそれはすべての人に与えられるべきものである (United Nations, 1995)．

ほとんどの国でこの教育システムの普遍性を認識することが重要である．そして大多数の若者達に行きわたり，影響を及ぼす可能性を認識することが重要である．スポーツがアクセスするシステムは，能力や社会基盤をもち幅広い機能を果

表 2.1 先進国と発展途上国の教育システムの比較

「先進的」/裕福な	「発展途上」/恵まれない
座業の(座って仕事をする)ライフスタイル	過酷な肉体労働
肥満の増加，過食	食料の不足，飢饉，栄養の欠乏
主に都会	都会/田舎の差異（格差）
子ども達の安全(交通事故，危害)の懸念；危険からの保護	いくつかの国では子ども達の安全と生存（戦争，搾取）の懸念
確立された学校と教育システム，すべての者が利用できる	不統一的な学校と教育システム；いくつかのグループは利用できない；いくつかの国のインフラは不十分
「主要」教科のプレッシャー―理論的教科での学業成績の期待	学問的に達成することのプレッシャー―教育は経済発展の手段としてみられている

たす可能性をもった教育システムをおいて他にはない．

しかしながら，世界を越えて子ども達が育つ環境の多様性を知り，認識することも必要である．いわゆる「先進」と「発展途上」の国々という幾分乱暴な区分を使って子ども達の経験を区別しようとしても，教育システムで活動している人達，特に体育で活動する人達にとっては難題がある．だから，裕福で，脱産業化された都会に住む子ども達や若者達に適用される多くの一般的な事柄は，発展途上国の子ども達や若者達，同じ国の中でもより貧しく，恵まれない地域の子ども達や若者達には単純には適用できない．差異はあきらかで，しかしここで述べることができるよりも，実際には，もちろん，もっと複雑である．

しかしながら，覚えておくべき共通した特徴もたくさんある．すべての子ども達と若者達は彼らの能力がどうであれ，またどんな国，文化，物質的環境に住んでいても身体的に発達し，成長する必要がある．彼らは誰もが身体的に活動的である．大人であることの責任を引き受ける前に，誰もが子どもである経験を享受することが必要である．誰もが身体活動を通してよく学ぶ．楽しかったり，うまくできたりした時，誰もが学習にものすごく積極的になる．

体育を擁護する要となるのは，学校カリキュラムの中でゆるぎのない位置が持続的な発達に貢献するということである．換言すれば，確立された規定(provision)にうまくなじむことが構造上効果的なのであり，すべての学齢期の子ども達に効率的に供給できる方法なのである．体育は青少年にとってふさわしいものである(競技スポーツの場合には，必ずしもこのようにはいえない)．体育は子ども達や若者達のことを理解し，彼らの発達や要求を理解する教師によって教えられる．そして，このことが持続可能性なのである．この最後の特徴は1998年にクアラルンプールでの第3回国際オリンピックフォーラムで認められた．そこで強調されたことは，

　……スポーツや体育に対する投資の重要性を，特に発達を助ける手段としてのスポーツの役割を批判的に分析することで，国家的見地と国際的見地の両方から立証することである．

そして，体育にはこのような立証が必要であると認められた．

発展に関する文献（Craig & Mayo, 1995；Fowler, 1997）は国々が達成すべき多くの重要な成果の輪郭を描いている．次に示すように，体育は際立った貢献を

図 2.1 体育—発展のための機能

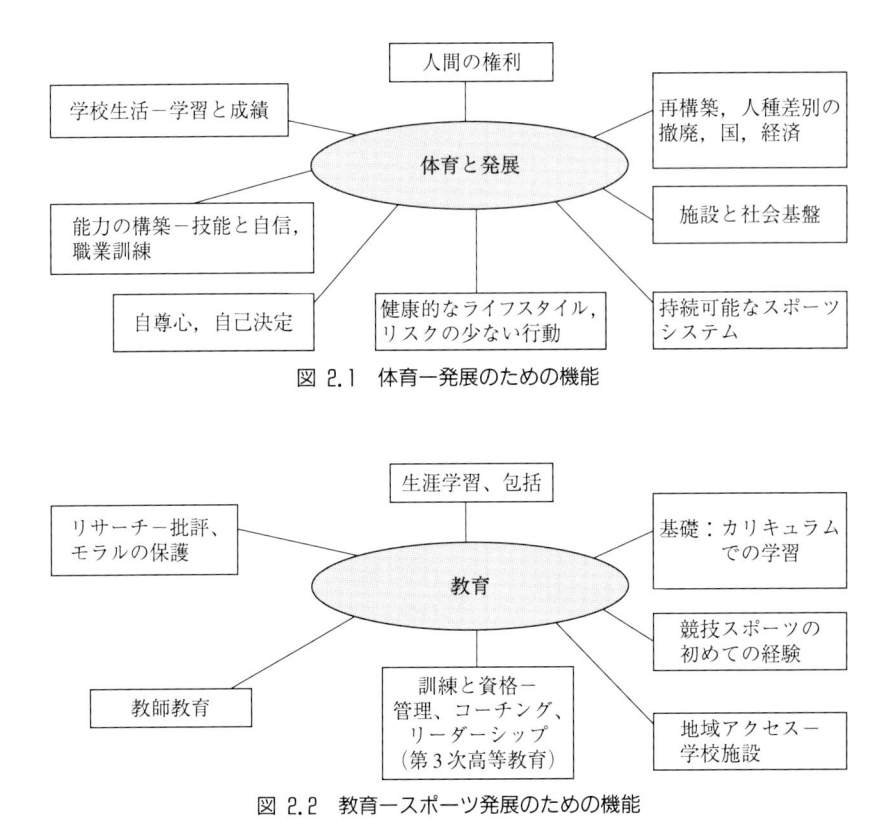

- 人間の権利
- 学校生活—学習と成績
- 再構築，人種差別の撤廃，国，経済
- 施設と社会基盤
- 能力の構築—技能と自信，職業訓練
- 自尊心，自己決定
- 健康的なライフスタイル，リスクの少ない行動
- 持続可能なスポーツシステム

（中央：体育と発展）

図 2.2 教育—スポーツ発展のための機能

- 生涯学習、包括
- リサーチ—批評、モラルの保護
- 基礎：カリキュラムでの学習
- 競技スポーツの初めての経験
- 教師教育
- 訓練と資格—管理，コーチング，リーダーシップ（第3次高等教育）
- 地域アクセス—学校施設

（中央：教育）

している．

- 若者達の中での，また若者達のために持続可能な社会基盤（インフラ）の投資を確立することを主たる目的とする国々にとっては，学校システムの中で，体育が提供できるものは多くある．学校で経験することの魅力を強化したり，さらに子ども達のレベルと学習の成績を向上させることで，体育は教育への参加を促進し，したがって国家の経済発展にも積極的な役割を果たすことができる．
- 自信をつけること，技能を育成することで，学校体育はスポーツやレジャーで働くための基礎を築くこともできる．—ほとんどの脱産業化の経済で増大しているスポーツやレジャーの雇用部門は，主要な製造業をすでに凌駕

している．このような状況下では，体育は重要な職業前教科である．(Tabot, 1993；Taylor, 1998)
- 体育は自尊心と自己決定の発達を支援することを通して，また，より健康的なライフスタイルを奨励することや，薬物乱用と犯罪に関係した危険な行動を避けることによって，21世紀の生活の急速な変化にうまく対応したり，人権を擁護できるような若者達の能力の形成に貢献できる(Boreham et al., 1997；Department of Culture, Media & Sport, 1999；Ewing, 1997；Mason, 1994, Mutrie, 1997)．
- 体育はまた，子ども達や若者達が成長するために受ける基本的なサービスや自由を人間としての自分の権利として理解し表現することを助ける．―たとえどんなところでどんな身分で活動し，学習していようと，平等な扱いは権利であることを気づく心を育む．
- 伝統的なスポーツやダンスのような国家的，文化的活動への参加を奨励することで，体育は国家の構築や国家のアイデンティティを形成できる．そして身体活動は，国家の再構築や復興する間に新しい関係と協調を築く手段として頻繁に使われる（Kidane, 1998）．
- そして最後に，学校システムの中に統合された体育は，すべての若者達のためのスポーツを総合的包括的に導入することで，また身近な地域レベルの使用可能な施設やサービスに加わることで，持続可能なスポーツシステムの基礎となることができる（Talbot, 1999）．

体育とスポーツの関係は長い間に確立され，強固である．教育は長期間，様々な方法でスポーツのパトロンであった．だが実際には，必ずしもそのように思われてもいないが．著者が前にも指摘したように，教育システムはスポーツのために，体育を通して，子ども達や若者達を身体活動へ導く最も総合的で効果的な構造を提供している．体育がスポーツの発展のために，またスポーツの発展に際して，発揮する様々な機能を挙げることは価値がある．

社会基盤（インフラ）のサポートを完全に評価するために，教育システムがスポーツの発展のために実行できる機能のいくつかを我々は確認する必要がある．
- 学校体育とスポーツは，スポーツ，ダンス，身体活動への参加に必要な技能と知識を学校に通学するすべての子ども達に紹介することができる．他

のシステムでは，どんなに総合的な地域のスポーツプログラムであっても，すべての子ども達に同じサービスを提供することはできない．
- 教育システムは，子ども達にとって最も強力な役割モデルの集団のひとつである教師達の教育でも欠くことのできない役割を持っている．教師になるためのトレーニングを通じて，うまく体育授業を行い，子ども達の身体的発達を支援し伸ばす自信や技能が備わっていなかったら，子ども達の結果は明らかである．
- 教育システムは，効果的な健康教育を通して，子ども達が自らの体や他者の体への敬意を学習することを確かなものにする．それによって子ども達がライフスタイルの重要性や，自らに新たな行動を伸ばしていく潜在能力があることを理解し，力を伸ばしていくことができるように可能性を与える
- 教育システムは，スポーツで活動するためのコーチ教育やリーダー教育と資格のシステムを支援・維持することができる．それは包括的で子どもにとっても都合がよい．もし教育システムが通常の教育予算を通してこの機能をサポートできたら，十分に供されてこなかった人達の育成と機会を拡張するために使うべきスポーツ予算はもっと残るだろう．
- そして最後に，教育システムはスポーツで活動する専門家とボランティアの両方に適切なリサーチを供給できる．中心を子ども達と若者達の興味と関心に置くリサーチはスポーツ文化を変えるのに役立つ．（Reiche 大臣はより早い段階でこの重要な機能について言及し，教育学者と研究者はスポーツが特に若者達にいかに施され伝えられるかについて批判的であるべきだと断言していた．）

組織的に学校カリキュラムに体育を含めることにより，教育システムにもまた，便益がある．優れた体育は次のことができる．
- 身体的発達を強化し，支援する．
- 子どもの全面発達に際立った貢献をする．
- 健康教育と健康的なライフスタイルの促進に貢献する．
- 少女達，若い女性，障害のある子ども達，民族的マイノリティー，恵まれない経歴の子ども達のために特別な配慮が提供できる．これらのグループ

のすべての人は学校の外で基本的な身体能力を学習できる可能性はあまりない．なぜなら他の機会にアクセスすることは，しばしば，個人の交通手段，お金，社会的技能，両親の介入に左右されるからである．
・学校の社会的，習慣的な生活に貢献する．
・社会的一体感と学校への帰属感を強化する．優れた体育と学校スポーツのプログラムのある中学校では，生徒達は学校に敵意を抱いているということはほとんどない，無断欠席をしない，学校を中退しないという証拠がある（Department for Culture, Media & Sport, 1999；Mutrie, 1997）．同じように，学校中退，無断欠席，社会的排除（いじめ）の間には立証された関係がある．

　しかしながら，体育の重要性を立証するもっとも強力で重要な側面は，体育が青少年の発達と生活に対して貢献しているということである．多分，もっとも明白なことは健康的な身体形成と全面発達への貢献である（Health Education Authority, 1997；WHO, 1998）．もし，身体活動は意味があって，楽しく愉快であるなら，若者達は肯定的な自尊心（Biddle, 1995；Fox, 1988, 1989）と自信を育成できる．それらは学校のずる休み，薬物乱用，早い段階での性行動や非行に関係した危険行動に影響されないためには必要不可欠なものである（後でこの最後の問題点に返りたい）．体育は，若者達に学業成績に大きなプレッシャーがかかっている学校システムで，バランスを与える．若者達が他者や自分自身を誰であるか，何をすることができるか，いかに彼らが自分自身や回りの人達に関係しているかというよりも，何を買うことができるかとか，何を着ているかとかで判断しがちである社会システムに更なるバランスを与えることができる（DeKnop et al., 1996）．体育に参加することで得られる社会的な技能と経験は，若者達に現在および，将来の生活のために価値ある準備を与えることができる（Brwon et al., 1998）．

　体育のその他の便益は以下のものを含んでいる．：
・明確な目標と成果を伴った組織化された活動の経験がある—若者達の時間の使い方に関する普遍的な関心と対照的である—．
・概念の理解を強化する．体育の場以外のところで与えられたら理解することが難しい，スピード，距離，深さ，力，飛ぶこと，公正といった抽象的な概念の理解を助ける（Buschner, 1994；Ewing, 1997）．

- 学業成績を向上させる．体育とスポーツに参加する生徒達が絶えず学業的にうまく実践する証拠は説得力がある（Shephard, 1997；Shephard & Levelle, 1994）．しかし，身体的，認知的，社会的発達の間の関係を十分理解するにはもう少し的を絞った研究が必要である．
- 焦点づけと関わり合い．特に急速に変化する世界で，若者達は生活において変化しない不変なものを必要とする．

　優れた体育はすべての子どもと若者に提供できる何かを備えている．可能性のある活動の幅はとても広く，バラエティに富んでいる．活動は挑戦的であってもいいし，逆に熟慮を必要とするものでもよい．また同様に，協力を必要とするものか個人的なもの，競争を必要とするものか美的パフォーマンスを必要とするものなどでもよい．体育は危険な状況でサバイバルするために必要な能力，技能，知識の育成を促進できる．また効果的に身体を管理できるように手助けしたり，姿勢を改善し治癒力のある活動を奨励したり，活動と健康促進の選択を奨励する．そして，生徒達がすすんでこのようなことを行ったり，従ったりできるようにする．

　先進国の世界では，子ども達は危険から守られすぎているように思える．また，発展途上国では身体的な危害や他の害の危険にいつもさらされているかもしれない．体育はサバイバルに必要な基本的な技能の学習をも奨励する．もっとも明白なのは，水の安全性，溺死を防ぐことと水泳である．適切な身体的，認知的反応を要求しながら，異なる身体的環境やより挑戦的な身体的環境へと順応することは，リスクと危険に対する正しい判断と対処に基づいている．最後に体育は，若者達がまさに今この時，行為した結果を自分自身と他者の両方において即座に理解することを手助けできる．

　体育はスポーツと教育のシステムの間で，重要な掛け橋としての働きをする．また体育は，児童期や発育期の間，学習，達成，可能性の実現に対して，教育的で適切な状況を与えてくれる．そして，学習とパフォーマンスの間を橋渡しし，包括的で一般化された身体的技能とそしてより特殊化されたテクニカルな技能の間を橋渡しする．

　体育の重要性を立証するこういった側面は十分説得力があり，賞賛せずにはいられないものであろう．それではなぜ，その当然のことを声高に主張しなければならないのか．子ども達と若者達はすでに便益を知っているし，特に体育に内在

的に備わっている便益については十分に知っている．しかし，Ken Hardman (1999)が示したように，政策立案者と政策決定者達は明らかに，学校カリキュラムでの体育の価値に納得していない．これにはいくらか文化的で実際的な理由がある．

1. 最初に，多くの国は世界的な景気後退に対応して，あるいは教育システムの中でまかなわなければならない若者達の人数と割合が増加するにしたがって，教育予算を減らしている．（多くの発展途上国では16歳以下の子どもの人口は50％を越えている）．そのような状況下で，体育はしばしばなくても済む余分なものとして見られている．

2. 2番目に，職業指導により重点がおかれるようになり，親達の強い関心は，教育を終えた子ども達が職につけるかどうかに向けられている．体育は親達や政策立案者に，実際には体育が職業前教育の重要な分野であることをまだうまく説得していない．ヨーロッパ共同体（EU）ではスポーツとレクリエーション部門がGNPの1.5％を占めることを覚えておく価値がある．イギリスでは，自動車産業と農業・漁業・食品の合計よりもたくさんの仕事を供給しているのである．

3. 3番目に，若者達と学校は学業成績をさらに上げなければならないという増大するプレッシャーの下にある．この目的に向かって試験にパスしていかなければならない強迫観念は，本質的な便益はあるが試験で測ることができない学校の教科や活動といったものを周辺に追いやってしまう結果となってきた．

4. 上の3番目の理由は言及するには難しいイデオロギー—西洋の心身二元論という遺物である発達の超知的観点—を反映している．その結果，認知的・知的領域を超えている（外れているわけではない！）活動や達成を正当に評価することができずにいる．

5. 皮肉なことに，スポーツ文化の強さが原因となってしばしばスポーツシステム内での体育の位置と役割が理解されないということが起こることがある．国家の政策レベルでは，教育政策とスポーツ政策はめったに協力的な関係にあるということはなく，時にはそれぞれが対立しあうことさえある．このような状況下で，体育は結果的に，教育政策，スポーツ

政策双方からしばしば排斥されている．
6．最後に，スポーツの政策立案者にとって非常に重要なものとして（著者は間違っていると思うのだが），地域スポーツのプログラムが学校体育の足りない所を代用してくれたり，補ってくれるという考えがある．いくつかの先進国の体育システムは，政治家が教育の中での出費を減らす機会として，特に小学校では体育は地域スポーツに代替されてきた．しかし，その結果，すべての若者達に新しい身体的技能を学習する喜びや興奮を経験させる機会を与えてくれるような総合的なシステムはもはやない，ということである．地域の提供してくれるプログラムの質がたとえどんなに高くても，ここでの問題は社会的一体性に関することである．車を持たない家族の子ども達，若者達，身体障害者や特別な教育が必要な人達，民族的少数者や移民の人々，才能のない人達，貧しい人々，その中でも特にスラムの人達や片親の家族，身体的な遊びのスペースがない家庭の人達―これらの若者達は学校外のスポーツからは恩恵が受けにくい人達である．学校体育の地域スポーツへの代替は，特に少女や女性達のスポーツをする機会にダメージを与えている．

排除の力学といわれるものを認識することが大事である．1994年のイギリス連邦大会（Common wealth Game）（Talbot, 1997）に参加した国際的な女性競技者達でさえ，彼女ら自身の特権を知りつつも，多くの他の女性や少女達が直面している，スポーツ参加やスポーツ実施での障壁を感じている．

「テニスは金持ちの娘たちのためにある．」

「私達の家族は，女性は家にいて良い母となり主婦となる運命であると信じている．」

もう一つの実例，それは必死で身体活動にかかわりたいと思った，極度に視力の劣る少年の話（Kuusisto, 1998）．：

「仲間達のようでありたいという強い思いには，どの年頃であっても取り付かれる．でも，子ども時代は特にひどい，青年になってももっとひどくなるだけだ．それだけではない．落ちないで高い塀の上をドキドキして歩きたいと思う．棚の一番高いところに届くように，朽ちた椅子の上に立つのは素朴に楽しい．考えてごらんなさい．常に大なり小なりの危

険の連続だとしたら，私は完全にうまくやっているなんて，とても見せかけられない．いつも，私だけが嘲笑される……」

体育には構造的な，また個人的な不平等の影響を防ぐ，あるいは減らす特別な役割がある．そして，排除を減らす．体育が学校システムの中で安定した位置を確保すると，体育が介入して非常に幼い子ども達に影響を及ぼすことができるので，不平等を減らすことができる．何故なら，体育はすべての子ども達，若者達にとって包括的なものであるので，存在する不平等を再確認したり，強固なものにするはずがないし，出来栄えの格差を生み出している要素に対処し，それらを是正することができるからである．最後に，学校と教育システムの中での体育は，大人のスポーツ文化に批判的なアプローチを試みたり，子ども達と若者達の要求を最優先することができる (Brown et al., 1998；Donnelly, 1993)．

これらの特徴は，排除されやすいグループの人達―恵まれないバックグラウンドの婦女子，若者達，身体障害者や特に貧困の人達―にとって，特に大切である．なぜなら

- 彼らは身体的技能を学習するために，学校体育により多く依存している．
- 学校は安全で，保護された環境として両親の承認を得やすいと理解されている．
- 地域社会や商業部門では提供されるものを十分に楽しめない．
- 体育の教師達はパワフルで影響を及ぼす役割モデルとなりえる（特に女性にとって）．
- 学校体育がなくなったら，これらのグループに大きな影響を及ぼす．

女性（世界の人口の52％！）を例に挙げると，1994年の女性とスポーツについてのブライトン宣言は教育上の対策に取組む必要性を認めた．

「……教育上のプロセスが，男女平等と女性競技者のニーズに関係した問題に取組み，スポーツにおける女性の役割を公平に熟慮し，女性のリーダーシップ経験，価値と姿勢を考慮することを保証する．」

ブライトン宣言は300以上の国際的組織・各国組織に支持されてきたが，特に婦女子のスポーツする機会に対する体育の役割は，教育の政策立案者の視野には明らかに入れられてこなかったし，重要視されてこなかった．しかしながら，IOCの開発局長である Fekrou Kidane によって発達の観点から承認された．

「第3世界の国々で，経済発展と社会発展で力を発揮する女性は，今日でさえ不幸にも，伝統的なあるいは宗教的な問題に直面し，それらは女性がスポーツで開花する妨げとなっている．少年には楽しむ権利があっても，少女は料理や裁縫，家事の手ほどきを受けるために自分の自由時間を使わなければならない．しかもその上に，発展途上の田舎での生活が少女に押し付ける身体的な運動をすべて彼女はこなしている．」

Kidane, 1998

この論評は，そのような環境にいる少女達に身体的な要求がなされるという理由で，基本的な体育が必要とされることを説明している．発展途上地域で働いている女性の仲間から繰り返し要請されることの1つは，非効率な持ち上げや姿勢が原因でおこるケガや屋外で料理をしている時にバランスが悪いことが原因で発生するやけどのような事故を防ぐ女性のための体育に関するガイダンスである．引用文はまた，少年には彼らの姉妹達を身体的な労働よりもむしろ身体的な遊びのために解き放つ手助けをし，それが家族生活にも貢献しうるという教育が必要であることを説明している．これは，もちろん，いわゆる先進国でも多くの少年達や男性達に学習されるべき1つのレッスンである．

ブライトン宣言の4年後，「ウィンドホーク*からの行動への呼びかけ（Windhoek Call for Action1998）」が「すべての政府，教育機関，研究機関」に申し入れられ，この会議でも扱われた他の領域と同様に，"スポーツと女性の機関，……そして……教育の間により密接な関係を育成する"ということが要請された．

「ウィンドホークからの行動への呼びかけ」は直接，体育に言及し，体育を擁護する行動を起こす必要性について言及している．

「幼い少女達がスポーツを通じて手に入れることができる技能やその他の恩恵を積極的に紹介する主要な手段として，優れた体育プログラムを強化・確立することによって，"体育の世界的危機"を避ける．さらに，学校から地域を基盤とした活動への発展を確かなものにする方針と機構を作る．」

これらのニーズは女性や少女達だけでなく，その他の排除された集団にも関連する．しかしながら，これらの機能は介入なしでは教育システムによって実行されないだろう．教育システムがスポーツ教育とトレーニングの視点を採用し，そ

れを提供し続けるように不断の影響と奨励が必要である．著者の考えでは，スポーツと教育との掛け橋として役割を果たすような本当に優れた体育システムがあるところが最も効果的に実行できると思う．

そこで体育の持続可能な発展を支援するために，教育システムに何が要求されているのだろうか．

1．第1に，すべての子ども達に身体活動に参加する技能と知識を組織的に紹介する必要がある．そして著者が示そうとしたように，これは学校体育によってのみすべての子ども達に伝えられる．

2．2番目に，学校体育をサポートするために技能を持った優れた体育教師達が，体育専科・非専科を問わず必要である．そして幅広く多様なバックグラウンドを持った体育教師等がいることが必要である．そのような体育教師達がいてこそ，子ども達や若者達は体育が自分達に関連した身近なものであり，自分達にとって魅力的なものであることを理解し，認識するようになる．

3．最後に，我々は子ども達の体育の経験と学校カリキュラムについてもっと知識が必要である．多くの国でベースラインとなるデータ，評価，何人の子ども達が体育を利用し，スポーツに参加しているかについての調査が欠けている．どんな参加のパターンがあるか（例えば，エリア，経済的あるいは社会的環境，民族性・宗教・文化，年齢，学校のタイプ，体育プログラムごと等），どんなふうに子ども達や若者達が参加への障壁や機会に影響されるか．

それゆえ体育に関わる我々は，教育の政策立案者と提供者―そして彼らに影響を与える人達（両親，スポーツ組織，教師達，企業人）に次の事柄を緊急に納得させる必要があると著者は信じている．―つまり，体育は子ども達の発達やスポーツの発展にとって重要であるということである．このことを主張する出発点として著者は次の事柄を提案したい．

・すべての子ども達にとって優れた学校体育とは，子どもに親しみがあり，スポーツを教え込む場である前に，子ども達の必要性に対応する場である．我々はあまりに頻繁に，特にスポーツで子ども達に大人としての振舞いを期待している．我々は体育を，子どもらしさを発揮する機会として彼らに

与える必要がある．
- 体育専科の教師もそうでない教師も含めて専門的知識を備えた教師達．
- 初任者研修や現職教育を含めた体育の組織的な教師教育．
- スポーツのための包括的な職業教育
- 調査プログラムや資金を出す基準に関しては，社会的一体性を考慮する．これによってスポーツ科学は，千差万別の能力や背景を持つ子ども達と若者達を対象とし，より包括的でより重要性の増すものとなる．そうすればスポーツ科学は，スポーツパフォーマンスのモデルを不適切に体育にあてはめるのではなく，体育に適切に役立てるようになる．
- そして最後に，国家のスポーツ政策に関して，教育省に主要な役割を果たさせる方法をみつけることは絶対に不可欠である．いくつかの国では若者のスポーツは教育省の責務であるが，多くはスポーツの省庁，あるいは青少年とスポーツという部局のものもあり，教育省にかろうじて関わっているという状態である．体育はそれらを1つにして団結させる接着剤になりえる．

要約すると，体育は次のことを必要とする：
- 初等学校と高校の両方で，良く訓練された資格のある教師達．
- すべての青少年のために，カリキュラム化された時間．
- 設備と場所．
- 優れた体育をもたらす教師達と学校への支援．
- 放課後のスポーツとダンスへの支援．

幾人かの政策立案者は，すでにこれらの必要性に気づいている．次に述べる推奨事項は，1995年に連邦教育省に支持された（Commonwealth Heads of Government Meeting Committee on Cooperation Through Sport, 1995）．：
体育は：
- 教師教育コースの構成要素の一部をなすべきである．
- トレーニングのための優先的な教科であるべき．
- カリキュラムには必要不可欠であるべき．
- 設備に補助金を得るべき．

しかしながら，Doreen Solomon の発表（1999）が示すように，すべての中で最

も大事な要素は熟練した教師達である．優れた体育は高価な設備や施設がなくても達成できる．子ども達は，正しい専門知識と技能を持った教師達にサポートされれば，巧みに，効率の良く，効果的に運動ができるようにしてもらえるだろう．人的資源は物質的なものよりも効果的である．

著者の同僚がもっと詳しく示すように，体育の重要性を立証する助けとなる調査の証拠がある．調査で明らかになったことを要約すると，体育（そしてスポーツ）とは：
- 自尊心を高め，危険な行動への傾向を減らす．
- 女子にとって早くからの性活動と10代の妊娠の可能性を減らす（Woman's Sports Foundation, 1999）．
- 学校に対する消極的な態度と中途退学を減らす．
- 重要な職業予備教科である．
- 健康を改善し，悪い姿勢，移動，バランスの悪さから起こるケガを防ぐ．
- 学業成績を向上させ，社会参加を強化する．

子ども達は彼ら自身が最善の体育の支持者である．ここに著者の住む町，LeedsにあるIngram Road小学校の11年生から集めた体育についての感想がある．

「どこかに飛んでいけるような気分にさせてくれる．」

「私は体育が好きだと—強く感じる．」

「月曜日にボール運動をして，火曜日に水泳に行き，木曜日にダンスをし，金曜日に体操をします—体育館で飛んだり，転がったり，考えたりします．」

著者が前に触れたCHOGM委員会の勧告は，サミットの会議パックの中にそのコピーを入れてある．その文書は力強い原動力となりえるが，それは使い方を知っている妥当な人達に届いた時だけである．スポーツという世界と体育という世界の間でのコミュニケーションは，近代的なテクノロジーにもかかわらず，貧弱であるということを我々は認識しなければならない．体育とスポーツの専門家はめったに連携しないし，同じ国や地域にいてもお互いに知り合おうとしない．国家の政策や地方の政策にも影響を与えるような技能を持った草の根の教師達やスポーツ・リーダーはめったに見つけられない．ICSSPEのようなNGOが，組織を効果的に連結し，このサミットのような国際的なイベントを開催して助力してくれている間に，長期に渡って持続可能な体育のためのコミュニケーション構築

が必要である．

　体育の専門職にとっての課題は，特に国家レベルで指導的役割を担うことである．それが唯一，介入が可能な効果的な位置である．体育に関わる教育者（体育教育者）は次のようでなければならない．

- 体育が担っている価値のある独自の役割について明確に述べて，それを賞賛する．
- 体育に対する支持を明確に主張し，仲間や教育管理職がそれを確実に聞くようにする．
- あらゆる範囲で貢献が可能であることを示す―学校，単科大学，総合大学，すでに体育を経験済みの者に対するアフターケア．
- 一緒に活動する．

　国際連合とその機関にサポートされた発展的ワークは，体育とスポーツの発展に適用できるような幅広い政策分析を生み出した．「教育へのアクセスにおける格差を取り除くということが，必ずしも教育の構造における不平等を是正するということにつながるわけではない」という国際連合の文書は体育にも密接な関連がある．国際連合は「権利（entitlement）」を「資源への権利（the right to resources）」として定義づけ，「力を持つこと（empowerment）」を「権利を用いることを可能にする技能手段，他の資源」と定義づける．教育とスポーツは体育を通して，このようなことが起こる「可能性のある環境」を生み出すことができる．どちらも1つだけでは成しえない．

　体育の専門職のように，スポーツ組織は課題に直面する必要がある．

- 体育がスポーツの発展で担う独自の役割を認識する．体育にとって代わるとしたら，スポーツに何を導入する必要があるのか．
- 効果的な体育に必要な基本的なニーズを提供するよう政府に働きかけるのを助ける．
- 技術的知識と専門的知識がある教師達を支援する．しかし，学校体育に取って代わることは避ける．
- 子ども達や若者達のニーズについて教師達から学ぶ．
- 地域スポーツや競技スポーツと繋がることで学校を支援する．

　最後に，我々は政府に次のことを喚起する．

- 体育の真実，子ども達や若者達に直結した便益と社会や地域のためのより長期的な便益の両方を認識すること．
- すべての青少年のため，カリキュラムの中に確かな位置を提供することで体育に投資を行う．
- 教師教育に資金を割り当てる．―初任者研修と経験を積んだ後の教師教育に．
- 教育的，社会的，経済的発展に貢献する体育についての調査に投資する．
- 教育政策とスポーツ政策を統合する．
- 体育の専門家と一緒に活動する．

　青少年は我々の未来そのものである．体育への関与や投資は，構造的意味や経済的意味で良いというだけではなく，学業成績の向上によって，経済やスポーツの持続可能な発展を健全化する．体育は我々の未来のためになる．そして子ども達と若者達はそのことを十分に知っている．

*Windhoek　ウィンドホーク．アフリカ南西部ナミビアの首都

●文　献

- Bailey, R. (1999). Play, health and physical development, in David, T. (Ed). *Young Children Learning*. London：Paul Chapman.
- Biddle, S. (1995). Exercise and psychosocial health. *Research Quarterly*. 66 (4), 292-297.
- Blair, S. & Meredith, M. D. (1994). The exercisehealth relationship：Does it apply to children and youth? In Pate, R. R. & Hohn, R. C. (Eds.), *Health and Fitness Through Physical Education*. Champaign, Illinois：Human Kinetics.
- Boreham, L. A et al. (1997). Physical activity, sports participation, and risk factors in adolescents. *Medicine and Science in Sport and Physical Activity*, 29 (6), 788-793.
- *Brighton Declaration on Women and Sport* (1994). London, Sports Council.
- Brown, E. W., Clark, M. A., Ewing, M. E. and Malina, R. M. (1998). Participation in Youth Sports：Benefits and Risks. *Spotlight on Youth Sport*, 21 (2), 1-4.

- Buschner, C. (1994). *Teaching children movement concepts and skills : Becoming a master teacher.* Champaign, Illinois : Human Kinetics.
- CAHPER/AAHPERD (1995). *Global Vision for Physical Education.* World Forum on Physical Activity and Sport, Quebec.
- CHOGM Committee on Cooperation through Sport (1995). *Report to Commonwealth Heads of Government Meeting.* London : Commonwealth Secretariat.
- Craig, G. & Mayo, M. (Eds) (1995). *Community empowerment : A reader in participation and development.* London : Zed Press.
- De Knop, R (1996). European trends in youth sport ; a report from 11 countries. *European Journal of Physical Education,* 1 (1), 36-46.
- Department for Culture, Media and Sport (1999). *Arts and Sport : Policy Action Team 10 : A Report to the Social Exclusion Unit.* London : DCMS.
- Department of Education & Science (1991). *Physical Education in the National Curriculum.* London, Her Majesty's Stationery Office.
- Donnelly, P (1993). Problems associated with youth involvement in high performance sport, in Cahill. B. R. & Pearl, A. J. (Eds.) *Intensive Participation in Children's Sports.* Champaign, Illinois : Human Kinetics.
- Ewing, M. (1997). Promoting Social and Moral Development Through Sport. *Spotlight on Youth Sports,* 20 (3), 1-3.
- Fowler, A. (1997). *Striking a balance : A guide to enhancing the effectiveness of non-governmental organisations in international development.* London : Earthscan.
- Fox, K. (1988). The child's perspective in physical education, part 1 : the psychological dimension in physical education. *British Journal of Physical Education,* 19 (1), 34-38.
- Fox, K. (1989). The child's perspective in physical education, part 6 : psychology and professional issues. *British Journal of Physical Education,* 20 (1), 35-38.
- Gallahue, D. L. (1993). *Developmental Physical Education for Today's children.* (2nd edition), New York : Madison, Brown & Benchmark.
- Hannaford, C. (1995). *Smart moves : Why learning is not all in your head.* Arlington, VA : Great Ocean Publishers.
- Hardman, K. (1999). *World-Wide Survey of the State and Status of School Physical Education : Final Report to the World Summit on*

Physical Education. Berlin, International Council for Sport Science and Physical Education.
- Health Education Authority (1997). *Young People and Physical Activity : A Literature Review.* London : Health Education Authority.
- International Olympic Committee (1998). *3rd International Olympic Forum for Development,* Kuala Lumpur.
- Kidane, F. (1998) In Internatlonal Olymplc Committee.
- Kuusisto, S. (1998). *Planet of the Blind.* London : Faber & Faber.
- McConachie-Smith, J. (1992). Developmental foundations for physical education in the national curriculum, in Whitehead, J. (Ed.) *Developmental Issues in Children's Sport and Physical Education.* Bedford, Institute for the Study of Children in Sport : 43-53.
- Mason, V. (1994). *Young People and Sport in England.* London, England.
- Mutrie, N. (1997). Physical activity and its link with mental, social and moral health in youth, paper presented at *Young and Active Symposium.* London, Health Education Authority.
- Pica, R. (1997). *Beyond physical development : Why young children need to move young children* 52 (6), 4-11.
- Shephard, R. (1997). Curricular physical activity and academic performance. *Pediatric Exercise Science* 9, 113-126.
- Shephard, R. & Lavelle, R. (1994). Academic skills and required physical education. *Canadian Association of Health. Physical Education and Recreation Research Supplement,* 1 (1), 1-12.
- Solomons, D. (1999). Good Practices in Physical Education, paper presented at World Summit on Physical Education, Berlin, ICSSPE.
- Sugden, D. & Talbot, M. (1997). *Physical Education for Children with Special Needs in Mainstream Education.* Leeds Metropolitan University & University of Leeds, on behalf of Sports Council.
- Talbot, M. (1997). *Commonwealth Women and Sport : Opportunities and Barriers.* London, Commonwealth Secretariat.
- Talbot, M. (1999). Reinforcing the Case for Physical Education, keynote paper presented at *National Conference. Women and Sport—No Limits?* Lisbon.
- Talbot, M. (1993). *Why Physical Education?* London, Sports Council.
- Taylor, P. (1998). Making the Grade. In *Leisure Opportunities. May,* 6 & 8.

- United Nations (1995). *Women in a Changing Global Economy.* World Survey on the Role of Women in Development, New York.
- UNESCO (1978). *International Charter for Physical Education and Sport.* Paris.
- *Windhoek Call for Action on Women and Sport (1998). Sport Canada,* Ottawa.
- Women's Sports Foundation (1999). *Physical Activity and Teenage fregnancy.* New York, WSF.
- World Health Organization (1998). *Promoting Active Living in and through Schools : a WHO Statement.* Part 1 of the report of the WHO meeting on "Promoting Active Living in and through Schools". Esbjerg, Denmark.

3 良い体育の実践

Doreen Solomons
Western Cape Education Department, South Africa

緒 言

　この短い発表で説明しようとするのは，体育の専門家が体育のプログラムを提供する際の質を明確にするために使用する規準についてである．これは経済的，社会的，教育的なシステムの再建に取り組んでいる国における基準の説明である．したがって，そのような国のすべての人々に十分に資するものとなる．このプログラムには，新しいナショナル・カリキュラムの編制も含まれる．そのナショナル・カリキュラムは，学業の水準を向上させ，お互いに尊重することを促し，仕事につき家族を持ちレジャーを楽しめるように準備させ，新しい南アフリカの市民として，十分なそして肯定的役割を果たすことができるように育成するためのものである．この枠組みの中で体育は特別の役割を果たす．

> すべての学習者は，健康な生活，安全な生活の方法の利益についてしっかりした知識を供給されるべきである．教育は生涯にわたる長い過程なので，しっかりした健康と身体運動の実践は，健康に関連した問題の予防に貢献し，学習者の生活の質を向上させることができる．(南アフリカ全国教育局—政策集—中等段階報告書)

　良い体育の実践とは，学習者のための肯定的な学習環境を創造することに関することすべてである．鋭敏で創造的で分析的な教師は，生徒が学習に参加するために特に重要なものである．力のある教師は，肯定的でもありやさしくもある教え—学びの雰囲気を作り出す．学習指導は注意深く組織的に計画され，どのような能力の者でも，学ぶ者に成功体験を保証する．その結果，生徒たちは動機づけられ熱心に学ぶのである．体育はこのような質を供給するすべての学校カリキュ

ラムにおいて欠くことのできない役割を担っている．

　活動することだけを目的とした身体運動というのでは，もはや学校カリキュラムの中に体育が含まれることの妥当な理由にはならない．現在は，正規の学校教育が終わってからも学習が続く―生涯にわたっての発達の経験―という理解にたった，すべての学ぶ者の全人的な発達が強調されている．生涯学習を促進する体育の効果的なプログラムの開発が求めているのは，知識や技能を構築し，子ども達が自立できるように準備すること，自立した学習者となるための能力を身につけさせることである．

　ムーブメントの経験と体育を発展させるには，質の高い授業が根本となる．体育教員は，いくつかの課題を持っている．つまり，身体運動を通じての一人一人の学ぶ者の全人的な発達，スキルを行う中での知覚運動能力の発達，そして競技的体操や競争的スポーツのような，より特別な運動形式のための特殊な運動スキルの発達である．病気の予防と対処にとっての身体運動の役割もまた非常に重要である．その目的は，健康で安全な環境を促すよい質の授業である．そこでは，学習者は意味のある挑戦的な活動に参加するよう励まされ動機づけられる．

　身体的な挑戦を処理する能力は―このために認知的能力や情動的能力がすべて要求されるが―我々の青年時代にはしばしば存在しないものだ！　健全な相互作用やコミュニケーション，リーダーシップや協力的なチームワーク，そしてお互いの強いところや弱いところを相互に認識することなどを考慮に入れる社会的スキルは，学校カリキュラムの中というよりもむしろ街の中で学ばれることがしばしばである．南アフリカでは，肯定的な役割モデル，すなわち，人気と権力は暴力でしか得られないという考えに異を唱える役割モデルによって，若者達は励まされ，特に身体運動に参加することを通じて，健全な公民権とリーダーシップを可能にする価値観や態度や知識を身につけていくよう促される．

　教育者と教師がぜひともしなければならないことは，学習者を知ることである．良質の実践の特徴は，組織的な計画，発展的な進歩，そして子どもや学習者に主眼を置くことである．これは真の指導であるともいえるはずだ．すなわち，内容が社会的文脈の中で適切であり，学習者と彼らの環境の双方にとって適切である．教育者はできる限り子どもについて意識して知る必要があるのである．

1. 効果的な体育プログラムの開発

　南アフリカの教育計画者は，世界のどこでもあてはまる，そしてまた，地域や地方の特別のニーズにも適用可能な次のような規準を開発した．

2. 子ども中心

　プログラムは，自分たちの環境の中にいる学習者の興味や発達に焦点化する．学習者のスキルや可能性を豊かにする組織的なプログラムを計画することが強調される．スポーツ中心というよりはむしろ子ども中心に焦点化される．一人一人の子どもがかけがえのないものであり価値のあるものであり，それぞれに応じて扱われ考えられるべきである．運動指導は，学習者のペースで行うべきであり，それぞれのクラス内で多様性が考慮されるべきである．

3. 肯定的な環境の創造

　教育者は，戦略的な運動を計画するだけでなく，教師と学習者のいい雰囲気を作る際にもこの原動力とならねばならない．肯定的な強化は質的なフィードバックを得るために常になされるべきである．身体運動は，決して処罰の手段として用いられるべきではなく，むしろ参加するのが本当に喜びであり楽しいこととして促されるべきである．これは理想的に思われるかもしれないが，各々の学習の経験が定期的な参加を導くためには，身体運動は楽しいものであることが必要である．

4. 自立と自立的学習者を育成するスキルと知識を構築すること

　学習者の全人的な発達に主眼が置かれている．能力やスキルのレベルがどのようであっても，学習者すべてが学ぶことができる．幅広い教育的な基盤を整備して条件を整え，すべての学習者が学習できるようにする．そこで教育者が念頭に置くべきことは，体育がそれぞれの子どもに選択の機会を与え，自制的な体制で

自立して学習することを支持する価値観や態度を発達させるということである．一般的な学校の規律にとって，この個人的な自制心は大きな助けとなるだろう．

5. 体育はすべての学習者の生涯発達を導く

体育においては，効果的な人間のムーブメントと発達に焦点が置かれる．これは，スポーツスキルの発達のために重要であるだけでなく，日常の活動で身体を効果的に使用するためにも重要である．たとえば，物を持ち上げたり運んだり姿勢をとったりするときに．幼少の学習者にとって効果的な動作と知覚運動発達が必要なのは，それが彼らの一般的な学習プロセスにとって必要不可欠のものだからである．

より伝統的な活動に加えて体育プログラムは次のことを提供する．

- 生涯スポーツ―生涯にわたって身体活動に参加するようにハイキングやボウリングやゴルフなど―
- 意思決定や粘り強さを試す機会や，水や川や山や湖，荒地などの自然環境を探検する機会を供給する野外冒険活動．これらの活動は，個人内の挑戦を刺激するだけではなく，自然環境を尊重する態度を発達させる．

身体運動は，南アフリカの再建という重要な目標の達成に特別の機会を供給する．

- 人間の権利―民主的な社会の責任ある市民として有能に参与するために必要な価値観や意識や能力を発達させること．人間の権利，男女の平等，そして平和教育は，体育の授業で高めることのできる重要な側面である．
- ライフスキル―たとえば，社会スキルそして表出のスキル，交渉，対立の処理，協働，コミュニケーションなどといった社会に効果的に参加するために不可欠なスキルの発達
- 職業の選択―教育と労働界の協力で学ぶ者に将来の職業人としての生活と生涯の見通しを持たせること．体育は様々な可能性のある職業を提供する．有給の仕事もあればボランティアの仕事もある．例えば，体育教師，スポーツ指導者，管理者，コーチ，スポーツ科学者，運動療法士，インストラクターとトレーナーなどである．

6. 健康に関連した体力づくりの運動

　南アフリカでは，健康や，成長，発達とウェルネスへの体育の貢献はいくら強調してもしすぎるということはない．Pangrazi(1991)は，不健康な両親または，貧しい飲食の実践が適切な成長と発達にマイナスの影響を与えていると強調する．

> 体育の授業は効率的な成長や発達の過程に明確な影響を与える．(とりわけ) 健康なライフスタイルに関連する知識や，運動パフォーマンス，筋力の発揮，筋肉のパワー，筋肉の持久力について，確信できる改善が見られたという証拠が示された．

　ウェルネスは，幅広い範囲をカバーしている．これは，次のものを含んでいる．つまり，ストレス管理，アルコールや麻薬の乱用を避けること，対処能力，個人の安全，環境への気づき，行動の自己コントロール，問題解決スキルである．

7. 人間の性と性教育

　性行為で感染する病気とエイズ（HIV/AIDS）の予防は，信頼のおける正しい情報とそれらの病気の結果に対する理解によって支えられ得る．

8. 精神的・情緒的な健康

　これらの2つの側面は，一人一人の子どもの幸せにとって基本的なことである．体育教師は，専門家と一緒に予防プログラムに取り組むことができる．そして専門医に紹介することを通じて診断やカウンセリングや治療を手伝うことができる．

9. 自己防衛

　若者が麻薬の使用，児童虐待，街頭の犯罪と対峙しなければならないような危険な都会では，空手や柔道や護身術のような防衛的な運動が役に立つ．これらの運動への参加は，少年少女に，自分を守る技術を提供してくれる．

10. 学校のカリキュラムを越えた活動

　体育プログラムの開発と拡大をさらに進め持続させるためには，ワークショップ，セミナー，トレーニング活動，週末や休暇中のキャンプやお祭りを行うことによって，教育者を集中させ，動機づけ，興味を湧かせつづけることができるだろう．西ケープでは南アフリカの非政府組織や，多様な学術団体のチームが，学校プログラムと合同して効果的に働いている．全国や州レベルのムーブメントや体育のプログラムも存在している．

結　語

　体育は世界中のすべての初等，中等学校のカリキュラムにとって明確な財産となっている．体育は，知的なスキルや身体の経験，価値や態度を与えることができる．それらは，学校外の地域やスポーツプログラムによって決して供給されることのできないものである．平等の原則は同質の学習がすべての市民に与えられることを保障しているはずである．体育は，民族やジェンダー，宗教的な背景や信念の区別なく，すべての人のために意味のある生涯にわたる学習の経験を供給する良質のプログラムを開発するという課題に直面している．南アフリカではこれは我々の挑戦であった．我々の新しいカリキュラムの中にある「生活オリエンテーション」という学習領域は，一人一人に違いをもたらす変革の機会となるものである．したがって我々の世界を改善する機会となるものである．

　インタビューを行った著者の同僚：Lynnette Campbell, Joey Sitzer, Trovski Jacobs and Wayne Alexander. 生活オリエンテーション内の体育・健康教育教科アドバイザー――西ケープ教育局，南アフリカ

●**文　献**
- Pangrazi, R. P., & Darst, P W. (1991). Dynamic physical education for secondary school students : Curriculum and instruction (2nd ed.). New York : Macmillan.
- Policy Document, National Department of Education-Senior Phase, 1998.

4 体育と身体的領域

Robert M. Malina

Institute for the Study of Youth Sports, Michigan State University, USA

　体育は,児童期と青年期の教育全般にわたるきわめて重要な役割をもっている.体育の目標は様々に考えられるが,なかでも以下に示す3つは,体育の身体的な領域に直接的に関与する重要な目標といえる.
1. 運動技術を指導すること,そしてその技術を指導者の下で練習する機会を提供すること.
2. 体力（Physical Fitness）を発達させるとともに,それをよりよく改善すること.
3. 日頃から学校の中で運動する機会を定期的に設けること.

　当然の結果として,これら3つの目標を達成すれば,児童期から青年期における正常な発育・成熟には規則正しい運動が欠かせないという見方が定着する.加えて,運動技術の習熟と発達段階に相応しい体力レベルの確保は,健康面においても身体面においても活動的な生活スタイルを営む上で重要な要素となる.本論文では,上記3つの身体的目標と発育・成熟との関係を検討したこれまでの知見を考察する.

1. 児童期および青年期における普遍的な課題

　児童期および青年期の児童・生徒には,次のような3つの課題がある.1つめは,発育すること（to grow）,すなわち幼児期から成人期にかけて,身体全体または身体各部を発育させる（いわゆる,サイズを大きくする）ことである.2つめは,成熟すること(to mature),すなわち生物学的成長しきった状態に向かって発達す

ることである．ここでいう成熟は，それ自体が身体システムによって変化することから，1つの操作的概念として取り扱っている．3つめは，発達すること（to develop），すなわち行動する能力を身につけること，あるいは個人レベルでの生活の中で，生活している文化から期待される適切な行動の仕方を学習・習得することである（Malina et al., in press）．これら3つの用語は，しばしば同義に取り扱われることがある．しかし，人生の最初のおよそ20年間にわたる児童期および青年期の日常生活においては，これら3つは相互に関連している身体的課題であるものの，はっきりと区別されなければならない．

　発育，成熟，そして発達は，同時にしかも相互作用的に現われる．つまり，発育・成熟・発達は，互いに関わり合いながら，子どもの自己概念，自尊心，ボディイメージ，さらには子どもが自分自身持っていると感じている能力の自覚に影響を及ぼす．体育教師もしくは運動プログラムに携わる人たち（とりわけ，青少年のスポーツ指導に当たるコーチたち）は，こうした相互作用について知っておくべきである．例えば，青年が自らの性的成熟や青年期の急激な成長をどうやって乗り切るかということは，彼らの行動にも，そして彼らの運動あるいはスポーツ活動に関わる行動やパフォーマンスにも影響を及ぼすだろう．青年の場合，運動によって要求されるものと正常な発育や成熟および発達に関わって要求されることとの，二重の要求を受けている．例えば，スポーツ場面で見られることがあるように，運動によって要求されることと，正常な発育・成熟・発達に必要なことが合っていない場合，このことがストレス源となる青少年も中にはいるであろうし，運動への参加を中断させる危険因子となったり，おそらく怪我の原因にもなるだろう．

1. 体育の現状

　国家の教育制度や教育目標が様々に異なるため，国家を越えて学校体育について比較検討することは本質的には限界があり，難しい．アメリカについてみると，47州で体育が義務づけられているが，47州それぞれ実施要項はかなり異なっている．時間の規定をみると，小学校では週50～200分までの違いがあり，中学校では週55～275分までの違いがある．また，高等学校では大多数の州で，9学年から12学年の間で1年間体育を行えばよいとしている（National Association for

Sport and Physical Education, 1997).全米青少年体力調査によると,体育を受ける生徒の割合は 5・6 学年で 97%と最も高かったが,7〜9 学年では 88%に減少し,10〜12 学年では 59%と明らかに低下していた(Ross & Gilbert, 1985).日常的に体育に参加している高校生の割合は,1991 年に 42%であったのが,1995 年に 25%に低下した.さらに体育の授業時間をみてみると,少なくとも 20 分以上運動に当てている学校が 1991 年に 81%であったのが,1995 年に 70%になった(Centers for Disease Control, 1995).1997 年の調査では,日常的に体育を行っている高校生の割合は 27%であり,体育授業のうち 20 分以上を運動に当てている学校は 74%であった(Centers for Disease Control, 1998).

2. 運 動

運動は,大抵の場合,安静時レベルを越えてエネルギーを顕著に消費させる身体活動の総体として見なされる.呼吸循環器能力や健康の観点からいえば,中程度の活動から激しい活動までが身体活動といえる.しかし,そうした活動は単純なものではなく,少なくとも 5 つの主要な要素が絡み合っている.それは,(1) エネルギー系(エネルギー当量[METS],酸素消費量),(2) バイオメカニクス系(体重支持・移動の運動,地面反力を要する運動),(3) 筋力系(レジスタンス筋力,静的あるいは動的な筋収縮),(4) スキル系(運動の経済性と正確性),(5) 運動の文脈性(多様でしかも文化的特殊性を有する活動の状況)の 5 つである.

運動をエネルギー系で捉える視点としては,エネルギー摂取量とエネルギー消費量とのバランスや,習慣的な運動が有酸素的能力(有酸素的体力)の発達とその維持に果たす役割,さらには日常的な運動を継続的に行うのに必要なエネルギーと体力に注目する.運動をバイオメカニクス系で捉える視点は,筋組織や関節に影響を及ぼす運動,とりわけ骨成分の無機化を促進する—骨を丈夫にする—運動に必要な力発揮に注目している.運動の筋力系の要素として扱われるのは,筋にある種の抵抗を加える運動である.そこでは,日常的な活動に必要な筋力や筋パワーを維持するのに必要な運動に言及する.スキル系の要素として扱われるのは,運動技術の習熟である.ここでいう運動とは,もちろん身体運動の基層に位置する動作のことである.運動の文脈性は,大ざっぱにいうと運動を実践する状況のことであるが,その状況は,どのような運動を行えばよいのか,またどの

ような時にそうした運動を行うのか，といったことや，その運動に付与された価値も含めて，個々人が生活している文化的土壌や風土によって決定される．

運動に関する論議の大半は，習慣的な運動レベルを評価すること，とくに個々人の生活スタイルを特徴づける運動のレベルについて評価することである．時として，運動は，活動時間（時間/週）や活動得点，軽度，あるいは中程度から強度の活動で消費されるエネルギーの量で定量化されることがある．また運動レベルの評価は，通常，質問紙法，面接法，日誌法，心拍積算法，あるいはこれらの方法の併用によって求められる．このような方法で，幼児や青年期のための運動プログラムの質と量を計る必要がある．そのためには，週当たりどれぐらいの頻度をもって行うのか，また1回の活動に要する時間や距離はどの程度なのか，活動の強さやエネルギー消費はどれぐらいか，さらにはどのような活動のタイプか，どういった状況の中で活動を行うかといった，より詳細な情報が必要になる．

運動レベルを評価する方法の技術的な限界を考慮しても，現在までのところ，いくつかの傾向が示されている．つまり，児童期から青年期初期までの運動レベルは増加する傾向にあるが，それ以降の青年期を通過するにつれて低下する傾向にあるという結果である．これは，南アメリカとヨーロッパの若者にかなり一貫してみられる傾向である（Malina, 1995；Armstrong & Van Mechelen, 1998）．

3. 運動技能

運動発達とは，子どもが運動パターンと運動技術を習熟していく過程のことであり，運動パターンとは，ある特定の運動課題を達成するのに必要な基礎的な動作もしくは基本運動のことである．そして，各運動発達の特徴は，その運動課題を構成する一連の動作に基づくもので，例えば跳躍運動において，子どもの多くは基本的な運動パターンを遂行することはできるが，それらの動作の巧みさには，相当なバリエーションがみられるものである．運動技能では，パフォーマンスの正確性と精密性さらには経済性が重視される．

また運動発達は，一見したところ連続的な動作の修正過程であり，遺伝的要因が関わっている神経-筋の成熟，子どもの性格，発育・成熟の速さ，前運動経験の残余効果，新しい運動経験，これらの相互作用に基づいている．加えて，運動発達は，子どもが育てられる環境，人間的環境，（教育的環境も含めた）社会的環境，

そして物理的環境の文脈の中で進行する．

いずれにしても，動作は運動の基盤をなすものであり，運動技術の習熟は広範な運動を容易にさせるものである．逆に，未熟は運動の機会を制約する．

4. 体　力

体力は，個人が過度の疲労を伴わず，しかもレジャーの楽しさを十分に味わいながら，日常的な活動が行えるような状態のことである．フィットネスとは，歴史的には3つの基礎的な要素，つまり筋力と筋持久力，有酸素的持久力，運動能力を兼ね備えたものとして見なされてきた（Clarke, 1971）．長年の間，青少年のフィットネスといえば，運動パフォーマンスの構成要素を中心にとらえられていた．このことを最もよく示しているのが，1950年代後半から用いられ，国家的規模で展開されてきた体力テストである．すなわち，アメリカ体育学会による青少年体力テスト（American Alliance for Health, Physical Education, Recreation, and Dance, 1976）は，スピード（50ヤード走），パワー（立ち幅跳び），敏捷性（シャトル・ラン），懸垂運動（上半身の筋力），腹筋運動（腹部の筋力とその持久力），ソフトボール投げ（パワーと協応性），そして600ヤード走（有酸素的持久力）で構成されている．

その後，体力の概念は，主として運動能力要素と筋力要素を中心とした捉え方（パフォーマンス発揮に関係する体力）から，より「健康」を強調する考え方へと徐々に変化してきた．こうした健康に関連する体力の概念は，1970年代後半から浮かび上がってきた．それは，以下に示す3つの要素によって構成されている．すなわち，有酸素的持久力（1マイル走もしくは9分間走），下腹部の骨格筋機能（腹筋力とその裏側にある背筋下部の柔軟性―腹筋運動と長座体前屈運動―，身体組成とりわけ皮下脂肪（上腕三頭筋および肩胛骨下の皮下脂肪の総量）である（American Association for Health, Physical Education, Recreation, and Dance, 1984）．ヨーロッパの体力テスト（EUROFIT test）では，パフォーマンスに関係する体力の要素と健康に関係する体力の要素を組み合わせて実施している（Council of Europe, 1988）．近年では，生理学的体力として，形態学的側面，筋力的側面，運動能力的側面，有酸素的側面，代謝機能的側面などから捉えようとしている（Bouchard & Shephard, 1994）．形態学的側面では，皮下脂肪の測定と

体脂肪率が用いられている．代謝機能では，血中コレステロール値，血圧，血糖値，その他心臓疾患に関与する要因の測定が用いられている．

5. 限　界

　体育の媒体は，教育的な場での運動である．それゆえ，青少年に対する体育の効果は大方の場合，運動という文脈の中で論じられるが，必ずしも体育それ自体について論じているわけではない．カリキュラムがもつ性質によって，また学校が置かれている状況によって個々の学校環境が多種多様に異なるため，運動の有効性に関する実験的研究や相関的研究から導出された研究成果は，必ずしも体育実践にとって適用可能なものになるとは限らない．

　この問題は，包括的な方法で，Vogel (1986) によって以前から指摘されてきたことである．研究成果を検討することによって，我々の身近な所に大きな困難があることが明らかになる．学校という場において，教育実践としての体育を取り扱ったデータはきわめて限定的であるとともに，その成果に至っては多種多様な相違を見せている．これらの研究成果は，付加的な内容の体育に関するものだったり，特殊な体育や，補強運動，スポーツ授業に関することであったり，美容体操，走トレーニングやジョギング，体力プログラムに関する研究であったりと様々であり，通常の体育プログラムに関する研究は非常に稀である．ここで体育プログラムの検討に関する一例を挙げれば，ケベック州の Trois Rivières 研究では，毎日の体育授業時間を1時間多くし，1年生から6年生に至る5年間にわたって，体育専門家によって持久性の活動を中心に実践し，その効果を検討している (Shephard & Lavallée, 1993a, 1993b)．最近では，補強運動的な体育プログラムに比して，エクササイズプログラムを介入させたプログラムが重視されている．介入プログラムは，一般的に児童期および青年期における肥満のリスクを軽減するという目的で設定されている (Bar-Or & Baranowski, 1994 ; Gutin & Humphries, 1998)．

　対照的に，運動は学校を取り巻く多くの外的環境要因の文脈の中で発生している．おそらく組織化された団体で行うスポーツ活動は，最も際立った運動の形態であり，それは多くの青少年の運動の主たる源となっている．コミュニティレベルにおけるスポーツ参加は，アメリカの子どもの生活の中心を占めている．例え

ば，大多数のアメリカの子どもは，5〜8歳の間にスポーツ団体で最初の運動経験をもつ．スポーツ参加は児童期に増加するが，青年期にさしかかる頃，つまり12・13歳頃になると減少する．スポーツ参加者の分布状態は，底辺の広いピラミッド型をしており，スポーツが専門化・特殊化するにつれて，また子どもの興味が変化するにつれて参加者数が減少する．12・13歳頃からのユースのスポーツ参加の減少傾向は，青年期全般を通じての身体活動への参加の減少傾向とパラレルな関係にある（Malina, 1995）．

1990年代半ばの調査では，企業からの資金提供をうけた施設やスポーツクラブに参加している5〜17歳までの若者は約2,500万人おり，一方ではレクリエーション・プログラムに参加している若者が1,450万人であった．より年齢を限定してみると，インターハイスポーツに参加した生徒は580万人であり，これはアメリカの高校生の人口の40％である（Ewing et al., 1996）．

本研究の考察に関連しているのは，青少年の日常的な身体活動における組織スポーツの役割である．12〜14歳の生徒のデータによれば，スポーツ団体で組織スポーツ活動に参加している生徒の日々の消費エネルギーはきわめて高く，その活動の強度は，中程度からきつい強度にまで至る．しかも，彼らのテレビ視聴時間は，スポーツ活動を行っていない者に比してはるかに少ない（Katzmarzyk ＆ Malina, 1998）．この調査研究の対象は，一般の中学校生徒からサンプリングされたもので，エリート選手をサンプルしたものではない．

体育の目的，つまり運動技能や体力の向上，そして身体活動の促進は，学校の場以外のその他の場において達成し得る可能性がある．さらに，青少年の運動体力や運動技能についての研究は，一般的な学校環境の中で展開されていない．しかしながらそのようにして行われた研究結果は，青少年の発育，成熟，発達を促す体育の実現可能的な役割について重要な知見をもたらしてくれる．

2. 運動と発育・成熟

規則正しい運動は，正常な発育や成熟をサポートする重要な要因であることは，よく知られている．ほぼ1世紀にわたる研究の結果，規則的運動は，スポーツにおけるトレーニングも含めて，発育と成熟に対して不可欠なものであり，かつ発

達刺激として有効であることが示されてきた．「運動と発育」に関する広範なレビューの中の1つを取り上げてみると，Rarick（1960, p. 459）は，次のように指摘している．

> 「おそらく最低限の筋活動は，正常な発育をサポートする上で不可欠なものであると同時に，各身体組織の原形質細胞の完全性を維持する上でも不可欠であると思う．しかしながら，この最低限のレベルがどのくらいなのかは活動の強さや時間で明確に示されてはいない．」

同時に，青少年に対する厳しいスポーツトレーニングの悪影響についても不確かな点が多い（Malina, 1998a を参照）．日常的な規則正しい運動は，厳しいスポーツトレーニングと決して等価ではない．それでも，児童期・青年期における習慣的な運動あるいは特定の運動プログラムが要求する身体的負荷や心理的負荷で，個々人で異なる発育や成熟のパターンを支えることができるといえるだろうか．

1. 運動と身長

運動が身長に及ぼす影響，あるいは身長からみた発育率に及ぼす影響については明確になっていない．児童期後期から青年期に至る男子運動群と同非運動群の身長の変化を縦断的に検討し，また児童期の女子についても同様の比較を行った結果，男女ともに差異はなく，運動群と非運動群でわずかに差が見られたのは，児童期から青年期の間の背の高さと，若年成人になった時の背の高さであった（Malina, 2000）．このような結果となった背景には，運動群・非運動群のいずれに属するかを対象者自身に判断させたところに問題があるものと考えられる．

2. 運動と体重および身体組成

これまでの研究を通覧する限り，一般に児童（男・女）では運動群と非運動群の体重の差異は小さく，それほどでもないという結果である．とはいうものの，体重は運動による影響を受ける可能性が高く，その結果として身体組成も変化すると考えられる．運動は，性別に関係なく，肥満を減少させ，時として男子児童においては除脂肪体重（FFM）の増加を伴うという報告がある．しかしながら，発育と成熟に起因する変化を割り引いた場合の FFM に対する運動の効果を考えることは難しいし，とりわけ青年期ではなおさらである．男女ともに青年期に

FFMのスパート期を迎えるが，この傾向は，男子の方が女子に比して大きい（Malina et al., in press）．

Parizkova（1970, 1977）とVon Dobeln and Eriksson（1972）の研究結果では，発育期における習慣的な運動が身体組成に及ぼす積極的な効果を認めるとともに，そのようなデータを評価することの難しさも指摘している．運動プログラムを決められたとおりに行った男子児童は，そうでない者に比してFFMが多くなり，脂肪が減少した．しかしながら，このとき運動による変化を通常の発育・成熟による変化と区別するのは難しい．規則正しい運動もしくはトレーニングに起因する身体組成の変化は，通常の発育・成熟による変化よりも明らかに違うのかどうかという疑問がでてくる．しかし，児童期から青年期に活動的な女子と非活動的な女子の身体組成を比較したデータや，定期的な運動プログラムを実施したときの女子の身体組成の変化を比較したデータはない．

定期的な運動が身体組成の大きな変動と関連している，あるいは，不活発であることが肥満と関連している．つまり肥満と活動刺激は反比例している．一般に，肥満というものは運動を行っている期間中は減少するが，運動をやめると増加する傾向にある．よって，短期間のトレーニングによる変化は，脂肪の変化を反映しており，FFMの変化をほとんど伴わないということになる．

3. 運動が関係する独特な組織

骨格，骨格筋，そして脂肪組織は，身体の主たる構成要素である．骨格は体の骨組みを構成するとともに，ミネラルの主たる貯蔵庫でもある．骨格筋は主働筋で，酸素を消費する組織であり，運動を実行するプロデューサーでもある．脂肪組織は代表的な貯蔵エネルギー源である．

(a) 骨格組織

体重支持や運動によって成長軟骨板が断続的に圧縮されることや，筋肉が骨に付着している着生点での局所的な筋の収縮は，明らかに骨成長に不可欠な影響を及ぼす．児童期および青年期における運動は，骨塩量（bone mineral content）を増大させる．しかし一方で，運動が骨形成に影響を及ぼすのは，その機械的な負荷がかけられるその骨格のところに限られている（Kannus et al., 1996）．

活動的な青少年の骨塩量と骨密度（bone mineral density）は，不活発な青少年よりも大きい．とりわけ，運動レベルの最も高い者と最も低い者との間に明らかな差異が認められた．つまり，活発な子どもの骨塩量はより多かった．骨の無機化に対する影響は，体重の支持・移動運動の方がそうでない運動よりも影響が大きかった．この傾向は，性別に関係なく，男子においても女子においても認められている（Slemenda et al., 1991, 1994；Nordstrom et al., 1998；Ilich et al., 1998）．

　骨量は，年間の身長成長率が最大となる時期（PHV）後にスパート期を示す．運動群・非運動群およびその中間群としてそれぞれ分類された子ども（男・女）を縦断的に検討してみると，運動群の者は中間運動群の者よりも，成長スパート期における年間骨塩量の増加率（グラム／年）が高く，骨総量も多かった．そして，中間群の骨塩量は非運動群のそれに比して高値を示した．総括的には，運動群の全身骨密度は非運動群のそれに比べて，男子で9％から女子で17％程度高値となった（Bailey et al., 1999）．

　骨格組織に及ぼす運動の効果の中でとりわけ重要なことは，児童期から青年期にかけての骨の無機化が成人期の骨塩量の状態を決定するということである．青年期後期には，ほぼ成人に近い骨塩量に達し，この傾向はとくに女子にみられる．さらに，性別に関係なく，一般に運動をしている若年成人群は非運動成人群に比べて骨密度がより高値である．青年期のよりよい骨塩量の獲得は，おそらく発育・成熟期に実施した運動による影響と考えられる．

(b) 骨格筋

　運動の種類や内容によって，筋肥大が生じ，収縮性タンパク（アクトミオシン）および分解酵素（アミノ酸分解酵素）の濃度が増加する．習慣的な運動プログラムに対する筋組織の反応に関して強調されなければならないことは，効果がある運動は，特定のものに限定されるということである．つまり，筋肥大は強いレジスタンス運動によって生じるもので，持久的トレーニングによって生じるものではない．激しく素早い動きによる筋力トレーニングは，タイプIIの筋線維（速筋型線維）の要素をもった筋肉を増大させる．これに対して，持久的トレーニングでは，タイプIの筋線維（遅筋型線維）の占める割合が増大するとともに，塩基の1つである脂肪酸とミトコンドリア内におけるリン酸付加分解酵素のそれぞれの働きを引き出す酵素の活動を増大させる（Saltin & Gollinick, 1983）．

トレーニングプログラムに対する青少年の反応を通覧すれば，発育・成熟期にある児童期から青年期のデータで知見が一致するものが少なく，成人を対象とした場合において近似する知見がわずかに認められるにすぎない．青年期前の子ども（男・女）にレジスタンス・トレーニングを行わせた結果，筋肥大を伴わない筋力の増加が認められている．一方，青年期の男子にレジスタンス・トレーニングを行わせると，筋力の増大に伴って筋肥大を発現した（Sale, 1989）．青年期においては，トレーニングをやめた後でもトレーニング効果としての筋肉量は保持されるのであろうか？　また，どれぐらいの運動がトレーニング効果を維持するのであろうか？

　トレーニングの意図どおりに筋線維の配分様相は変化するのかどうかについては，現在までのところ明らかになってない．しかし一方で，代謝活動はトレーニングによって修正を受けることは知られている．11～13歳の男子に5ヵ月にわたる持久性トレーニングを実施すると，コハク酸脱水素酵素とホスホフルクトキナーゼの活動の増大を引き起こすが，タイプⅠとタイプⅡの筋線維の割合には何ら変化は認められなかった（Eriksson, 1972）．16歳の男子にスプリントトレーニングと持久性トレーニングを併用させても，筋組織の筋線維の割合に変化はみられなかった．持久性トレーニングだけを行わせると，タイプⅠとタイプⅡの双方の筋線維の表面積が増加した．しかし，スプリントトレーニングだけではまったく変化は認められなかった．また持久性トレーニングは，コハク酸脱水素酵素の活性化を促進させるだけでなく，ホスホフルクトキナーゼの活動も増大させた．これに対して，スプリントトレーニングにおいてはホスホフルクトキナーゼの活性化は認められたが，コハク酸脱水素酵素の活性化は認められなかった（Fournier et al., 1982）．女子についての検討では，上記の見解と一致するデータは認められていない．

　これまでのところ，児童期から青年期に至る継続的なトレーニングは，筋肉の代謝能力を改善する上で意味があるということが示唆される．しかしながら，一般に短期間のトレーニングに対する反応の変化は恒久的ではなく，むしろ継続的なトレーニングに依存する．運動プログラムを中断した後のトレーニング効果をモニターするためには，発育期のトレーニング効果をより詳細に評価する必要がある．

（c）脂肪組織

　青少年を対象にした脂肪組織の研究では，皮脂厚を測定することが最も一般的であった．児童期，青年期の子どもを対象にした横断的研究では，運動群の方が非運動群より皮脂厚は小さいことが示されている．しかし，縦断的研究において，6～12歳の男女を対象とした運動群と非運動群との比較（Saris et al., 1986），13～18歳の思春期の男子を対象とした結果（Beunen et al., 1992），さらには実験的な体育プログラムによる比較（Shephard & Lavallée, 1993b）のいずれにおいても，わずかな差異が認められるか，まったく差異が認められなかったかのどちらかであった．

　児童期および青年期において，より活動的な運動をすれば，皮脂厚の減少に効果的であるとする推定は成り立つ．しかし，皮脂厚の変化は青年期の男子においては多様である．ただ，躯幹部を除く末梢部の皮脂厚は，青年期の間に，減少する．

　肥満に対する運動の効果は，肥満児を対象とした研究において認められている（Bar-Or & Baranowski, 1994）．すなわち，肥満児に有酸素的運動を2年間にわたって日常的に行わせると皮脂厚が顕著に減少する（Sasaki et al., 1987）．10週間や4ヵ月のトレーニングといった短い期間であっても，7～11歳の肥満児の体脂肪率は顕著に低下する（Gutin et al., 1996, 1997）．

　肥満でない青少年を対象にした皮下脂肪層へのトレーニングの効果は，現在までのところ明確になっていない．7～11歳の肥満児を対象に4ヵ月にわたるトレーニング（5日/週，40分/回，226kcal/回）を行わせた結果では，腹部の内臓脂肪はわずかに変化するにとどまるが，腹部の皮下厚は減少した．これに対して，トレーニングを行っていない肥満のコントロール群では，内臓脂肪および皮下脂肪ともに増加した（Gutin & Owens, 1999；Gutin & Humphries, 1998）．このように肥満児を対象とした研究結果では，腹部における皮下脂肪組織の変化は多様に異なることが示唆される．

　運動は脂肪組織の代謝にも影響を及ぼす．運動鍛錬者は脂肪の分離と酸化能力が高い（Despres et al., 1984）．子どもを対象とした研究では，運動鍛錬と脂肪組織代謝との関係に未だ一致した見解を見ていない．しかし，トレーニングによる筋肉組織の変化には，子どもと成人とに類似点が認められることから，子ども

成人も運動鍛錬に対する脂肪組織の反応は同様であると仮定することは理に適っているであろう．

1. 運動と生物学的成熟

　生物学的成熟は，タイミング（成熟に至る契機や変化が起きる時期）とテンポ（成長の速度や経過）といった可変的な個人的特性に依存する．骨格の成熟は，出産する前までの成長期間における成熟様相を評価する唯一のシステムであり，手首の骨格がその評価部位としてよく用いられる．一般に身体的に成熟したというのは，思春期スパートで身長が最大の成長率を示した時点（PHV期）をさす．このPHV発現期は，青年期までの縦断的データによって判明する．性的成熟は，通常，第2次性徴が明らかに認められる時期である．つまり，女子における胸囲の発達，男子における生殖器の発達，男女では陰毛の発達，女子の初潮が挙げられる．

(a) 骨格成熟

　身体活動は骨の無機化を促進する働きを有しているが，X線撮影法を用いた発育研究からみれば，手骨および手根骨の成熟には影響を及ぼさない．13〜18歳までの男子運動群と同非運動群を縦断的に追跡した結果，骨年齢に差異は認められなかった（Beunen et al., 1992）．

(b) 身体的成熟

　PHV年齢は習慣的な運動レベルによる影響を受けないとされているが，これは男子についての知見でしかない．わずかな例数ではあるが，青年期にみられる成長スパート期前およびその期間中に位置する男子運動群と同非運動群を比較したところ，PHV期の発現時期とピークの大きさに差異は認められていない．これより，青年期における成長スパート期間中のPHVは，運動による影響を受けるものでないことがわかる．女子については，一貫した知見は得られていない（Malina et al., in press）．

(c) 性的成熟

　習慣的な身体活動が性的成熟に及ぼす影響についての知見はきわめて少ない．このことは，男子よりも女子について論じられることが多い．とりわけ，青年期の初潮の遅延に関して検討することが多い．一般に初潮の発現時期は，平均的に

はPHV期の1年後あるいはそれよりやや遅れる．また，初潮は青年期の女子にとって文化的・社会的な意味を持っている．

　疫学的調査は，習慣的な運動と初潮の遅延との関係を示唆している．しかし，初潮の平均発現年齢の遅れについて考察する場合，ほとんどが競技スポーツ選手に関するものであり，あらゆるタイプのスポーツ活動について検討しているわけではない（Malina, 1983, 1998b）．にも関わらず，初潮の遅延は，初潮発現前にスポーツトレーニングを始めたことによる結果であると結論づけ，そうしたトレーニングを「初潮遅延トレーニング」と称している．こうした語の使用は誤解を招く恐れがある．なぜなら，習慣的な身体活動もしくはトレーニングは，性的成熟を遅らせるということを含意してしまうからである．現に，こうした捉え方により，定期的に運動することをやめてしまう女子がいるかもしれない．

　トレーニングは性的成熟を遅延させるとするデータの解釈は，連想的でかつ遡及的であり，そのような結論を許すわけにはいかない．運動と女性の健康増進との関係については，次のように結論づけられるであろう．「スポーツ選手はそうでない者に比べて初潮が遅延するが，それは運動によるものであることを未だ誰も認めたものではない．」（Loucks et al., 1992, p.S288）．

　習慣的な運動やトレーニングが男子の性的成熟に及ぼす影響は，体系的に検討されてはいない．男子においては，初潮のような青年期特有の成熟徴候をもたない．一般に，若いエリート選手のうち，成熟が遅延している者とそうでない者とを判別できない状況にある中で，彼らの大多数が早熟，もしくは平均的に成熟していると見なされ，成熟の遅い少年は，エリート選手の中では一般的ではない（Malina, 1998a）．さらに，青年期の男子選手が全国レベル，国際レベルのエリート選手の大半を占めているわけではない．その結果，若いレスリング選手の極度な体重の減量を除けば，エリート選手に対する上述の懸念がスポーツ科学者や医学関係者によって真正面から取り組まれてきてはいない．対照的に，身長が低く，しかも成熟が遅延している若い女子エリート選手（とりわけ，体操競技やフィギュアースケートの選手に多い）メディアに写る彼女たちの姿は非常に目立つ．そして，女子選手の栄養摂取の操作（おそらく，ドラッグであるが），こうしたとこに対して，スポーツ科学者や医学関係者たちは警告を発している．

4. 運動と体力

　一般に，運動を継続的に行っている人は体力的にも優れており，両者は因果的な関係にあると思われているが，そのような関係を明示するデータはない．確かに運動は体力とは関係しているが，この両者の関係を一般化することはできない．

1. 先行研究の概観

　1986年にアメリカで実施された「第2次児童・生徒体力調査」によれば，6〜9歳児の運動と呼吸循環器持久力との関係は，28項目の運動指標との相関で見たところ，－0.22から＋0.24と低い結果であった．また歩行・走行に関する運動指標項目に対する運動・年齢・性による説明量は，わずか21%にすぎなかった（Pate et al., 1990）．同様の分析が4年生を対象として行われ，健康調査項目と運動との間の相関は低く，運動による影響と見なされた調査項目の割合は，性差の影響を考慮しても，3〜11%と低値であった（Sallis et al., 1993）．

　同様の結果が青年期の生徒を対象にした研究においても認められる．運動指標項目と1マイルの walk-run との相関は，12歳の男女で0.37であり，15歳で0.39であった（Aaron et al., 1993）．13〜18歳のベルリンの生徒を対象にした場合では，運動指標項目と11項目からなる健康・体力テストとの相関は，ここでも－0.03から＋0.29と低値を示した（Renson et al., 1990）．また9〜18歳のカナダの男女生徒では，中程度から激しいくらいの運動のエネルギー消費をしていることが影響を及ぼしていることを示す．健康調査項目に対する説明量は，わずか11〜21%にすぎなかった．ここで説明された測定項目を列挙すれば，腹筋運動・静的な脚筋力・PWC_{150}・皮脂厚であった（Katzmarzyk et al., 1998）．明らかに運動指標と体力との間に深い関係があると考えられるにも関わらず，体力変数の大部分（約80〜90%に相当する）が運動や年齢および性によって説明されず，その他の要因を考えざるを得ない結果が示されている．

2. 運動群と非運動群との比較

　運動と体力の関係は，多種多様な青少年がいることによって覆い隠されている可能性がある．この関係は，運動の程度の両極（全く運動していない群と非常に

よく運動している群）を比較することによって明らかになるかもしれない．1984年にアメリカで実施された「第1次児童・生徒体力調査」によれば，10～12歳の児童を対象に運動群と非運動群の1マイル走（呼吸循環器持久力）を比較した結果，両者にほとんど差異はみられなかったが，13～15歳の生徒においては運動群の方が非運動群よりも記録が上であった．16歳を対象にした場合では，男子で運動群の方が非運動群よりも記録が良かったが，女子においては差異はみられなかった(Blair et al., 1989)．台湾人の12～14歳の生徒を対象に，日常のエネルギー消費量のきわめて多い群（運動群）ときわめて少ない群（非運動群）を比較したところ，前者の方が後者に比して1マイル走の記録が良く，長座体前屈（背筋の柔軟性）の成績が上であった．しかし，腹筋運動（腹筋の筋力とその持久力）と4箇所の皮脂厚の総計には差異は認められなかった（Huang and Malina, in preparation）．

横断的観察の結果は，青年期の生徒を対象にした運動群と非運動群の縦断的な比較研究の結果と一致する．カナダのサスカチェワン州の発育研究では，青少年を対象にした場合，非運動群の最大酸素摂取量（peak $\dot{V}O_2$）の絶対値および体重当たりの摂取量はともに，運度群よりも低値であり，日常の平均の運動レベルも低かった（Mirwald et al., 1981；Mirwald and Bailey, 1986）．加えて，非運動群は，活発な運動群および平均的運動群よりも最大酸素摂取量が低値の状態で，青年期の成長スパート期を迎えていた．また運動群は，思春期成長スパート期前には平均的運動群よりも最大酸素摂取量の絶対値が高かったにも関わらず，成長スパート期になると両者に差異はみられなくなった．しかし，成長スパート期の前・中・後のいずれにおいても，体重当たりの最大酸素摂取量は運動群の方が平均的運動群よりも高かった．

ベルリンの13～18歳の男子を縦断的に追跡した結果，運動群は非運動群に比して，ステップテストでの安静時心拍数への回復度および懸垂運動（体重を挙上する筋力とその持久力）においてのみ成績が上であった．しかし，レッグ・リフト（腹筋の筋力とその持久力），長座体前屈（柔軟性），腕の静的な引っ張り力，垂直跳び（パワー），シャトル・ラン（スピードと敏捷性），上肢の動きのスピードの計6項目においては，両群間に差異は認められなかった（Beunen et al., 1992）．オランダの13～16歳の男子を対象にした調査では，12分間走（呼吸循環器持久

力),懸垂運動,シャトル・ランにおいて,運動群の方が非運動群よりも成績が高いとする結果であったが,女子では最大酸素摂取量と12分間走の2項目にとどまった.対照的に,腕の静的な引っ張り力,長座体前屈,垂直跳び,上肢の運動のスピードでは,運動群と非運動群ならびに性別に関係なく,差異はみられなかった (Verschuur, 1987).

運動群と非運動群を分類する方法が研究者によって異なったり,女子よりも男子の方が得られたデータの有用性が高かったりするが,横断的研究と縦断的研究の双方から1つの共通した見解が認められる.それは,主として持久走の記録および最大酸素摂取量の測定から,運動群は呼吸循環器持久力において優れているという点である.また,体力を構成するその他の要素の比較では,研究者間で一致しないものが多少認められるが,習慣的な運動は体力に影響を及ぼす要因の一つであることは確かである.

5. 運動と代謝機能

児童期および青年期の児童・生徒を対象に代謝機能を調べる場合,その指標として血圧,血中脂肪,血中リポタンパクなどの測定が挙げられるが,時として糖代謝やインスリン感受性についても測定する.これらは,主として冠状動脈心疾患 (CHD) のリスク要因と見なされている.これらの指標すべてが年齢,性,成熟に関わる変数とされている (Malina, 1990).ここでは,これらの指標を用いて運動の有効性を検討したい.

1. 先行研究の概観

総コレステロール値 (TC),高リポタンパクコレステロール値 (HDL-C),低リポタンパクコレステロール値 (LDL-C),トリグリセリド値 (TG),血圧値 (BP),と運動指標項目 (運動実践およびスポーツ参加についての自己申告による調査) との相関を検討した結果,各測定項目と運動との関係は,よく取り沙汰されるにも関わらず,児童期および青年期では一貫して低値 (<0.3) であった.ただし,HDL-C との間には0.4に達する結果が得られている (Malina, 1990;Armstrong & Simons-Morton, 1994;Riddoch, 1998).さらに,上記TC, TG, BP と有酸素

能力(ステップテストによる最大酸素摂取量)との関係をみると,これもまた低値を示した.一方,HDL-Cとの間では一定の関係を見いだすことはできなかった(Malina, 1990).児童期および青年期の児童・生徒を対象にした場合,運動と血糖値およびインスリン量との関係を調べることはきわめて難しく,データも限定的にならざるを得ないが,得られたデータでは低値を示している(Malina, 1990).

運動,体力および冠状動脈心疾患を扱った研究では,単相関を中心に検討されてきた.しかし,近年では多変量解析が容易になり,この方法を用いた研究が多くなってきた.カナダのケベック州において9～18歳の児童・生徒を対象に,正準相関を用いて検討した結果,CHDのリスクの変動の5～20%が運動変量によって説明された.一方,CHD変動の11～30%が体力変量によって説明された.さらに,エネルギーの総消費量が多く,とりわけ中-重程度運動におけるエネルギー消費量が多く,しかも活動していない時間とテレビ視聴の時間が少ないという,きわめて良好な代謝リスクのプロフィールと関連していた.すなわち,血圧,血中TG,LDL-Cおよび血糖値が低く,HDL-Cが高いという結果である.同様に皮脂厚と脚筋力(大腿四頭筋の筋力)が少なく,PWC_{150}が高いという体力要因の特徴も良行な代謝リスクプロフィールと関連していた.腹筋運動による腹筋の筋力と持久力に関しては,運動との関係を見いだすことはできなかった(Katzmarzyk et al., 1999).上記2つの筋力(大腿四頭筋と腹筋)に関する結果は,体重当たりで示されていないことによる影響なのか,それとも生物学的成熟による変化の影響などが推定される.成熟速度のより早い者は,成熟速度の遅い者に比して,形態は大きく,筋力も強いが,代謝プロフィールは良好とはいえない(Malina, 1990).あいにく,このカナダのケベック州の被験者からは,有益な生物学的指標を見いだすことはできなかった.しかしながら,上記児童期と青年期におけるCHDに対するリスク要因,運動,体力に相互関係があること,そしてこうした関係に影響を及ぼすその他の要因を考察する必要性を示している.

2. 運動群と非運動群との比較

日常的に運動している群は,あまり運動しない群や非運動群に比べてHDL-Cが高く,血中TGが低く,TCに対するHDLの割合が高い傾向にある.運動をどれぐらい行えばよいかという基準は,研究によって様々に異なっており,一般に

標本数が少ないく，運動群のサンプルに若い競技スポーツ選手が含まれている研究もある．また運動群では，HDL機能を促進してしまう働きをもつTC値が高い．これらの傾向は年齢による影響を示唆しており，児童期よりも青年期の方が血中脂肪値と血中リポタンパク値と運動との関連が強き示されている（Malina, 1990）．青年期後期あるいは青年期の男子（16〜24歳）を対象とした運動群と非運動群との比較では，きわめて程度の弱い運動でも血糖値が高いことが示されている（Montoye et al., 1977）．血糖とインスリンに関する運動群と非運動群のデータを多くする必要がある．特に青年期のデータの確保は重要である．なぜなら，青年期になると糖代謝とインスリンの働きが変化するからである．思春期にインスリン感受性の低下やインスリンに対する抵抗力とは関連しており，青年は，丁度その頃，インスリンの分泌の増大によりインスリン感受性の低下を補っているからである（Malina, 1990）．

3. 運動プログラムの効果

　運動プログラム（この大部分は，特別な意図を有した指導プログラムであったり，トレーニングプログラムであったりする）は，幾つかの体力指標を効果的に伸ばす．運動技能や有酸素的能力，筋力，筋持久力などの向上を企図した体育プログラムおよびトレーニングプログラムの実験的検討から，意図的な指導，実践，トレーニングによって体力（運動能力だけでなく，健康も含む）の改善が期待されることが明らかになっている．

　こうした研究の結果，つまり発育・成熟段階の異なる青少年の指導もしくはトレーニング刺激に対する反応から，しばしばトレーニングの適時性が論議されている．その結果，青少年に対しては，発育・成熟速度の速い時期にトレーニングを行わせるとその効果が得られやすいことが示唆されている．これは，主として筋力と有酸素能力の発達に及ぼすトレーニングの影響と関係するとともに，運動技能を高める指導や実践への応用にも通じる．

　指導プログラムおよびトレーニングプログラムに対する反応に影響する要因として，年齢，性，多様な発育・成熟状態，過去の運動経験（早期から運動技能を高める実践の機会を持っているとか，習慣的な運動のレベルが考えられる），指導前およびトレーニング前のスキル，筋力，有酸素能力の状態（最新の形質状態），

個体がもっている遺伝子構成，さらにはその遺伝子構成と環境との相互作用の様態などが挙げられる．一般の青年を対象とした有酸素的トレーニングや筋力トレーニングの研究を除けば，小児および青年期の生徒を対象とした研究では，上記の要因は通常コントロールされていない．

4. 運動技能

　6～8歳という年齢は，神経系構造のほとんどが大人の形に近づき，基本的な運動パターンもほぼ完成する時期である．よって，この時期に基本的な運動技術の習得を企図する指導や実践を行うことは理想的であり，十分理にかなっている．体育の授業やその他のスポーツ活動における指導と実践を通じて，子どもには，自らの発育・成熟として，運動パターンを純化させ，新しい運動技術を身につけさせるとともに，それを高めていかせなければならない．そのためには，就学前の子どもには基礎的な運動技能を発達させ，学校期の児童にはより複雑な技能を発達させるような意図的計画的な教授プログラムが重要になってくる．さらに，児童期において指導プログラムを成功裡に修めるためには，専門的に訓練された体育教師，トレーニングを積んできた親，質の高いコーチによる指導が不可欠であるとともに，運動課題の系列が適切で，かつ実践のための時間を十分に確保する必要もある（Haubenstricker & Seefeldt, 1986）．スポーツで用いられる技術のほとんどが基本的な運動パターンの組み合わせと調整であることを考えれば，児童期中期において将来のスポーツ活動に転移する基本的な運動パターンを教授・実践する役割は大きい．こうした分野においては，より多くのデータが必要であり，これ以外の問題に対しても力を注ぐ必要がある．例えば，運動発達のモデルである親，兄弟，友人たちがこれまで多様な運動に費やしてきた時間の量を検討してみるのも1つの方法である．一方で，社会的文化的な領域に関わる要因も運動発達やパフォーマンスに影響を与えるが，これに関しては本研究の範囲を超えている．

　基礎的な運動技術の指導と実践，およびそれらの技術の組み合わせや調整（これは専門的なスポーツにとって必要である）に関する指導と実践は，児童期および青年期においてはきわめて有益である．しかしながら，これらの技術がもつ効果を児童期と青年期に分けて学習させることは難しい．運動パフォーマンスは，

大抵の場合，この児童期および青年期の間にほとんどが改善される．すなわち，男子の場合では，この青年期の間に運動パフォーマンスは改善される．しかし，14・15歳以降の女子の場合，プラトー状態か，わずかな改善がみられるに過ぎない．生物学的発育・成熟が進んでいる男子では，それが遅延している者よりも運動パフォーマンスはよりよく改善される傾向にある．一方女子では，上記男子と同様の成熟状態で比較した場合，両者の差異は明らかでなく，成熟が遅延している者の方がよりよいパフォーマンスを示す運動課題がある（Malina et al., in press）．

　運動技術の学習に関する研究において，個人差や遺伝子構成が有する役割はきわめて重要な問題である．これまで，様々な双子の大人を対象に運動技術学習のパターンが実験的に検討されている（Bouchard et al., 1997）．そこでは，巧緻性や協応性をねらう運動課題を除けば，手先の器用さと運動の正確さを企図した運動課題において運動技能が純化する傾向にあった．この結果は，二卵性の双子に比して一卵性の双子の方が学習の進度や度合いが似かよっていることを示している．しかし，学習に対する遺伝の影響力は，課題によって，または設定した一連の実践やトレーニングを越えて多様であり，運動学習の特殊性が強く認められた．9歳児の双子を対象に，手によるタッピング動作と足によるタッピング動作，さらには鏡映描写とボールトスの計4種目を行わせ，それらの学習曲線を比較した結果，学習レベルと学習進度において一卵性の双子の方が二卵性の双子に比してより近似した傾向を示し，一卵性の双子における測定項目間の内的整合性は，女子の場合より男子の場合の方が高かった（Sklad, 1975）．またスキルの最終到達レベルでの比較では，一卵性と二卵性と男女の差異が最も顕著であったのが鏡映描写であった．

　このデータは，遺伝的要素が，新しい運動技術を学習する際，またはパフォーマンスを改善しなければならない場面に直面した際の容易性や困難性を潜在的に決定する，きわめて重要な役割を果たすことを示唆している．それだけに，この児童期および青年期においては，運動課題にもとづくトレーニングや運動実践における個人差をより包括的に研究していく必要がある．

5. 筋　力

　レジスタンス・トレーニングには体重を利用したり，各種のマシンを用いたりと様々な方法があるが，それらのほとんどにおいて，筋群の働きに抗する抵抗が与えられる。これまで，こうしたレジスタンス・トレーニングを青年期前の子どもに行わせることはなかった。青年期前の子どもの筋力トレーニングに対する反応は，青年期の生徒や青年期後の生徒ほど顕著でないと言われてきた。しかし，多くの5～11歳の男女を対象にした研究では，レジスタンス・トレーニングに対して筋力向上を示す反応が得られている（Blimkie & Sale, 1998）。対照的に，5年間にわたって体育の授業（持久的活動を多くした授業）を毎日1時間増やしても，一般の学校プログラムを用いている他の児童と大差なく，顕著な筋力の向上はみられなかった。

　青年期前の子どもは，レジスタンス・トレーニングによって筋力の向上がみられるものの，筋肥大はわずかである。筋力の向上に比べて筋の大きさがわずかにしか変化しないのは，レジスタンス・トレーニング刺激に対する反応のほとんどが神経性による反応であることによる。こうした反応の性質はこれまでよくわかっていないが，おそらく運動単位の増大もしくは運動単位の興奮頻度が関係しているものと考えられる。おそらく運動単位の増大パターンが変化するのかも知れない。

　トレーニングプログラムに対する個人内変動は，考察対象外であった。子どもはすべて同じような仕方で反応するのであろうか？　トレーニング効果は年齢や成熟と関係するのであろうか？　幼児においては，その効果は小さいとする報告がある（Fukunaga et al., 1992）。筋力トレーニングにおける論議で浮かび上がってくるその他の疑問は，トレーニング反応における男女差および青年期における多様な子どもの差異である。一般に青年期前の子どもには性差はみられないため，性差の問題は体系的に検討されてきてはいない（Sale, 1989；Blimkie & Sale, 1998）。男子においては，青年期前に獲得した筋力は，その後の思青年期での筋力および青年期後の筋力により深く関係するという研究結果がある（Pfeiffer & Francis, 1986）。一方では，青年期前の子どもは，青年期の生徒や青年期後の青年に比して，腹筋力のトレーニング効果が少ないことが報告されている（Sale, 1989；Blimkie & Sale, 1998）。

先行研究は，これまでレジスタンス・トレーニングを中心に行われてきた．筋持久力を向上させるプログラムの成果も，筋力獲得の結果である．8～14歳の男子を対象に，腕エルゴメーターを用いた5週間にわたる筋持久力プログラムを行わせた結果，鍛錬群は非鍛錬群に比して筋力・筋持久力ともに顕著な向上を示したが，反応の仕方は多様であった．つまり，鍛錬者の中には最大上腕筋力に関係して筋力が向上した者と，筋持久力に関係しながら筋力が向上した者とに分かれた（Ikai, 1966）．この結果は，年齢によりトレーニング刺激に対する反応タイプが潜在的に異なることを示している．

　女子を対象にした筋力トレーニングに関する広範なデータが得られているが，見解が一致するまでには至っていない．その中で，幾つかのトレーニングプログラムにおいて，静的筋力および筋力発揮の仕方の双方が向上したとする知見が認められている．すなわち，7～19歳の女子を対象に，膝の伸展筋におけるアイソメトリック・トレーニングを行わせた群，垂直跳びのトレーニングを行わせた群，スプリント・トレーニングを行わせた群の3群と，非鍛錬者とを比較した結果である（Nielsen et al., 1980）．そこでは，アイソメトリック・トレーニングを行わせた群と垂直跳びのトレーニングを行わせた群に顕著な差異が認められた．しかし，スプリント・トレーニングを行わせた群との差は小さかった．それ以上に興味深い結果は，13.5歳以下の女子が，それ以降の女子に比して，いずれの群においてもトレーニング効果が大きかったことである．しかし残念ながら，成熟状態は実験的にコントロールされていなかった．

　しかしこの研究では，トレーニング形態別効果の転移が検討されている．その結果，アイソメトリック・トレーニングを行わせた群では，垂直跳びの記録と短距離走の加速区間におけるタイムが向上した．垂直跳びのトレーニングを行わせた群では，アイソメトリック筋力と短距離走の加速区間におけるタイムが向上した．これらの群では，当然のこととして，アイソメトリック・トレーニングを行わせた群ではアイソメトリック筋力が，垂直跳びのトレーニングを行わせた群では垂直跳びの記録がそれぞれ向上している．しかし，スプリント・トレーニングを行わせた群では，短距離走の加速区間におけるタイムの向上はみられず，アイソメトリック筋力も垂直跳びの記録も向上しなかった．

　筋力トレーニングの効果の転移を検討した研究はきわめて少ない．その中で，

6～11歳の男子を対象にした検討では，14週にわたるレジスタンス・トレーニングによって垂直跳びと長座体前屈のそれぞれの記録が向上したとする結果（Weltman et al., 1986）が認められているが，7～12歳の女子を対象にした場合では，8週間のトレーニングでは垂直跳びと長座体前屈の記録の変化がまったくみられないという結果が示されている（Faigenbaum et al., 1996）．これら2つの研究から，正常な発育を生じさせるようなトレーニング効果を導き出すことは難しい．

青少年に関して，レジスタンス・トレーニングが終わった後のトレーニング効果の維持については，さらなる検討が必要である．数少ないデータではあるけれども，青年期前の子どもにレジスタンス・トレーニングを行わせた後，数週間で元にもどる傾向が示されている．これは，こうした青少年に対する筋力トレーニングの量はどれぐらい必要なのかという問題と関係している．現在までのところ，筋力トレーニングの効果を維持するのに必要なトレーニング情報は，明らかになっていない（Blimkie & Sale, 1998）．

児童期および青年期における筋力トレーニングに対する遺伝的要因の役割は，これまで十分に検討されてきてはいない．現在までのところ，双子の青年男子における筋力トレーニングの反応は遺伝的要素に依存するという結果しか判明していない（Bouchard et al., 1997；Thomis et al., 1998）．

6. 有酸素的パワー

短期間の実験的研究から得られたデータによれば，最大有酸素パワー（peak $\dot{V}O_2$）を高めるトレーニングの適時性は，10歳以下の子どもにはほとんど存在しないということが示されている．一般に，10歳以下の子どもでは体重当たりの peak $\dot{V}O_2$ の変化は5％以下とされている（Malina et al., in press）．有酸素的トレーニングの適時性は10歳以下に存在しないという結果は果たして本当なのであろうか？ トレーニング方法に問題はなかったのであろうか？ もし青年期の生徒や成人よりも習慣的にトレーニングを行わせた結果を評価することができれば，そこで用いられた有酸素的トレーニングプログラムは，子どもの最大有酸素パワーを高めるプログラムになるであろう．活動している幼児の期待される最大有酸素パワーの変化は，一般人のそれより低い．なぜなら，幼児は活動を開始した直後に最大トレーニング状態に近づくからである．一方では，幼児の運動のほと

んどが最大下の運動であるため、最大有酸素パワーを適切に測定することは難しい。それ故、幼児のトレーニング反応に関しては、最大下運動の効率の変化を捉える方がより適切であろう。彼らを対象とした研究の中には、最大有酸素パワー (peak $\dot{V}O_2$) の絶対値のみを報告するものがあり、よって結果は決定的とは言えない (MacManus et al., 1997 ; Welsman et al., 1997)。一方、毎日1時間の体育を加えるとするプログラム、つまり1年生から6年生に至る5年間にわたって持久的運動を中心に体育授業を実験的に行った結果、一般の体育プログラムを展開している学校の児童に比して、男子において peak $\dot{V}O_2$, PWC_{170} に顕著な向上が認められた。しかし、女子については、ほとんど差異は認められなかった (Shephard & Lavallee, 1993b)。

　高学年児童と青年期の生徒を対象にした有酸素的パワーのトレーニング効果に関する知見は、研究によって著しい差異をみせている。このような違いは、おそらくサンプリングの仕方、方法の違い、成長スパート期のタイミングやテンポの個人差、性的成熟などが関係している。またいくつかの研究にはスポーツ選手が含まれているし、それ以外では、被験者に熟練者や一般人が含まれていたりしている。青年を対象とした様々なスポーツトレーニングは、最大酸素摂取量の絶対値および体重当たりの量を向上させる。しかし、青年期のスポーツ選手は、ある1つのスポーツトレーニングを選択する傾向にある。そのためトレーニング選択とトレーニング効果を区別することは難しい。スポーツ選手でない青年を対象とした研究では、トレーニングプログラムはいろいろであり、しかも屋外の運動をコントロールすることが難しいという問題がある。普段運動をあまりしない青年にトレーニングプログラムを始めさせると、トレーニング期間が短くても（数週間から数ヵ月）、彼らの最大有酸素パワーは成人期前半で観察される値にまで改善され、性差も小さくなる (Malina et al., in press)。

　体重当たりの最大有酸素パワー (peak $\dot{V}O_2$) のトレーニング適時性は、メタ分析によって検討されている (Payne & Morrow, 1993)。すなわち、当初69の研究から、以下に示す分析基準を満たしている28論文が抽出された。その基準とは、13歳以下の青少年を対象とすること；鍛錬群とコントロール群との比較を行っていること；プログラム前後でトレーニング効果を測定していること；最大有酸素パワー (peak $\dot{V}O_2$) を測定していること；体重当たりの最大有酸素パワー (peak

$\dot{V}O_2$)の結果を統計処理(サインプルサイズ,平均値と標準偏差)していることの,計5つの基準である。その結果,13歳以下の青少年において,約 2mL/kg/min の増加がトレーニングにより得られたが,体重当たりの peak $\dot{V}O_2$ の変化は5%以下であった。このとき,性差,(トレッドミルおよび自転車による)運動テストの強さ,トレーニングプログラムの質(頻度数,時間,強さ)の条件差は最小であった。

有酸素パワーのトレーニングの影響をみた実験的研究は短期間であり,その後の追跡までは行われていない。したがって,トレーニングによって改善された有酸素パワーがトレーニング終了後,いつまで保持されるのかについての情報が欠けているし,トレーニングによって改善された有酸素パワーを保持するためには,どの程度の運動が必要なのかについての情報も欠けている。

有酸素トレーニングプログラムに対する反応の個人差を考えてみる。10.9～12.8歳の計35人の子ども(男・女)を対象に,12週間にわたる有酸素トレーニングを行わせた結果,体重当たりの最大有酸素パワー(peak $\dot{V}O_2$)の平均変動率は6.5%であった。しかし,そのレンジは,−2.4%から19.7%と広範であった(Rowland & Boyajian, 1995)。したがって,上記の平均値は,それほどあてにならないかもしれない。

個人間の反応の変動は,有酸素トレーニングへの反応を伝達・媒介する個体がもっている遺伝子構成にとってきわめて重要な役割を示している。現在までのところ,遺伝子構成の様態が有酸素トレーニングへの反応を伝達するとされている。しかし,こうしたトレーニング反応における個人差を生み出す遺伝的特性は,未だ決定論的な段階にまでは至っていない(Bouchard et al., 1997)。

6. 運動プログラムと代謝機能

運動プログラムもしくはトレーニングプログラムの影響を検討した研究結果は,主として児童期と青年期における有酸素能力,血中脂肪値,血中リポタンパク値およびトリグリセリド値,さらには血圧などが混ざって検討されている(Malina, 1990 ; Alpert & Wilmore, 1994 ; Armstrong & Simons-Morton, 1994 ; Riddoch, 1998)。その中で,HDL-C と TC に対する HDL-C の割合が増加するこ

とが認められている（Malina, 1990；Armstong & Simons-Morton, 1994）。有酸素的トレーニングの効果は，青年期で高血圧症の生徒に対しては血圧の低下が認められたが，そうでない正常レベルの者についてはそうした傾向はみられなかった（Alpert & Wilmore, 1994）。しかし，これらの研究において生徒を比較する際の大きな問題は，プログラムの実施期間や運動の強さが異なっているところにある。例えば，1日40分間の運動を週5日行うことを6週間にわたって実施したとか，1日30分の激しい運動を週5日行うことを12週にわたって実施したり，弱い運動と強い運動を交互に10週にわたって行わせたりである。

　運動プログラムを実験的に実施した結果，青少年の血中脂肪値および血中リポタンパク値に顕著な変化は認められなかった。青年を対象とした運動群と非運動群との比較では，ある程度，対照的な結果が得られている。前者は後者に比して，良好な血中脂肪状態(HDL-C値が高く，血中TG値が低く，TCに対するHDL-Cの割合が高い) を示した。長期にわたって強い運動負荷を与えるプログラムの実践から，HDL-CとLDL-Cの働きを明らかに変化させる必要のあることが考えられた。児童期と青年期の子どものうちプログラムの意図どおりの結果が生じなかった者は，体重の発達傾向に原因があった。成人を対象とした研究では，トレーニングに伴う血中脂肪の変化が体重の減少を生じさせることが示されている。これは，トレーニングによる負のエネルギーバランス（エネルギー消費＞エネルギー摂取）による。発育と成熟は，正のエネルギーバランス（エネルギー消費＜エネルギー摂取）により体重の増加およびその他の組織の増大を生じさせる。児童期と青年期では，体重の増加は脂質とリポタンパク質の運動刺激に対する反応に影響を及ぼすことが考えられる。他方，青年期において，トレーニング研究の目的どおりにならない者の存在からは，脂質とリポタンパク質の変化によって引き起こされる成熟が考えられる（Malina, 1990）。青少年を対象として実施した運動プログラムに対する反応の中で，糖代謝とインスリンの働きの変化に関しては，これまで体系的に検討されてきたとは言いがたい。

7. 概要

　体育における「身体的」内容領域は，以下の3点を重視している。

1．指導者がいる運動学習の場面（主として体育授業の場）において，様々な運動技術を教授し，それらを実践（習得）する機会を提供すること．
　2．体力を発達させるとともに，よりよく改善すること．
　3．学校の中で定期的に運動を実践する場をいつも準備しておくこと．

　習慣的な運動は，児童期から青年期の発育・成熟をサポートする上で欠かせないものであると考えられている．運動技術は運動を実践する基盤であり，これに習熟している者は，おそらく規則的継続的な運動実践をより活動的に行うであろう．体力は，過度の疲労を伴わず，しかもレジャーの楽しさを十分に味わいながら，日常的な活動を行うのに必要である．運動技術の習熟と適度な体力レベルの確保は，健康的でしかも活動的な生活スタイルを営む上できわめて重要な要素である．

1. 運動と成長・成熟

　身体という有機体の発達は，運動ストレスにうまく適合する．遺伝的にプログラムされた発育と成熟の過程を変化させるのに，単なる刺激あるいは反応に頼るだけでは十分とはいえない．この点で，運動は，身長ならびに発育研究によって示される一般的な成熟に対して明らかな効果があるとは言えない．しかし，体重調節とくに脂肪代謝に関して，運動は1つの重要な要因である．さらに，様々な体重の支持・移動に関与する運動は，骨の無機化を促進する働きもある．また，骨格筋組織の構造的かつ機能的な統合に重要な役割を果たしている．しかし，トレーニングプログラムのタイプによって，運動が筋肉組織に及ぼす効果は異なる．

　運動は正常な発育と成熟に重要な役割を果たすものといえるであろうが，どの程度の運動が必要なのかについては十分にわかっていない．極端にエネルギー消費を押さえる非運動的な生活は，肥満を生み出す．今日，世界の国々で児童期および青年期に肥満となる児童・生徒が激増している．

2. 運動と体力

　運動と健康との関連性は明らかであるにも関わらず，この両者の相関係数は低値か中程度であり，体力指標である数々の変数のうち，運動によって説明される割合は中程度である．児童期と青年期における上記の結果には，幾つかの要因が

関係している．つまり，習慣的な運動の測定法と評価法に技術的な問題が残されているし，体力の測定法にも問題がある．近年，体力測定の分野では，体力と関係する健康の操作的定義を体力測定に反映させている．これには児童期と青年期の児童・生徒のために修正の必要が迫られたことによる（Malina, 1995）．

3. 運動と代謝機能

　代謝機能と運動との関係は明白であるにも関わらず，これに関係する指標との相関関係は低い．つまり，有酸素的能力の測定結果（ただしHDL-Cとの相関を除く）との相関が低いのである．また，運動と血糖値およびインスリン量との関係（児童期および青年期の児童・生徒を対象にこれを調べることはきわめて難しく，データも限定的にならざるを得ない）も低値を示している．一方，習慣的運動を実践している児童・生徒は，そうでない者に比べて脂肪・タンパクの代謝がきわめて良好(HDL-Cが高く，TGが低く，TCに対するHDL-Cの割合が高い)という傾向にある．

4. 運動プログラムの効果

　運動技術，筋力および有酸素パワーは，指導，実践，トレーニングといった各プログラムによって改善し得る．実践の成果は，プログラムの中で力点が置かれた内容・領域で現れてくる．運動能力および筋力の向上を企図したトレーニングプログラムは，青少年に対して有効に作用する．最大有酸素パワーに関しては，10歳以下の子どもにはトレーニングの適時性は存在せず，それ以降の幼児期・青年期の生徒の段階にあると考えられる．トレーニングによって改善されたスキル，筋力，有酸素パワーがトレーニング終了後，いつまで保持されるのか，もしくはトレーニング効果を保持するためには，どの程度の運動が必要なのかについては，今後の課題である．

　指導プログラムおよびトレーニングプログラムに対する反応にみられる個人内変動に関するデータは，一般的にあまり報告されていない．こうしたデータは，指導プログラムやトレーニングプログラムを実施する際の個人差を考えていく上で示唆的である．

　ここでいう個人とは，幅広いレンジの中で極端に高い反応パターンを示す者で

あったり，まったく反応が見られないか，それとも最小の反応パターンを示す者のことをいう．いずれにしても，児童期および青年期では指導プログラムおよびトレーニングプログラムを実施する中で発生する個人差を体系的に検討する必要がある．

青少年の血中脂肪，血中リポタンパク，トリグリセリド，および血圧を改善する有酸素プログラムの効果に関する研究では，いろいろな結果となって現れているが，概して HDL-C および TC に対する HDL-C の割合が増加することが認められている．しかしながら，これらの研究で実施されている運動プログラムは，運動の強さや実施時間が様々である．青少年の運動プログラムに対する反応のうち，糖代謝とインスリンの働きの変化は，これまで体系的に検討されてきてはいない．

結 語

体育における「身体的目標」の達成に関わる実証的な研究成果は，体育にとって示唆的であり，体育は運動技能，体力，および運動パターンに対してよい影響を与えるとする可能性を強めてくれる．体育のキーワードは「可能性」である．こうした可能性の達成に際しては多くの要因に依存するが，とりわけ体育プログラムの質（教師の能力も含む）に依存する．

青少年は皆，児童期から青年期を経て成人期に至る過程の中で多くの課題を解決しなければならない．体育とスポーツ（これは，多種多様な運動文脈の中で主たる運動であると考えられる）は，複雑な成長過程の1つの側面でしかない．しかし，これはきわめて重要な側面である．青少年は多様な生活の中にいて多様な要求をもっているだけに，体育・スポーツは彼らの生活や要求に見合うように実践していく必要がある．それ故，体育プログラムは青少年に基本的な運動技能の堅固な基盤を築くとともに，運動・生活する上で十分体力レベルを確保させ，運動の楽しさを感得させなければならない．もしこうした技術や体力，もっと言えば運動に関わる身体的基盤が形成されたなら，彼らに運動の楽しさを経験する機会が与えられるであろうし，学校や社会での教育と相まって健康的で活動的な生活スタイルを成人になっても享受できるであろう．

● 文 献
- Aaron, D. J., Kriska, A. M., Dearwater, S. R., Anderson, R. L., Olsen, T. L., Cauley, J. A., Laporte, R. E. (1993). The epidemiology of leisure physical activity in an adolescent population. *Medicine and Science in Sports and Exercise*, 25, 847-853.
- Alpert, B. S., Wilmore, J. H. (1994). Physical activity and blood pressure in adolescents. *Pediatric Exercise Science*, 6, 361-380.
- American Alliance for Health, Physical Education, Recreation and Dance (1976). *Youth Fitness Test Manual*, revised edition. Reston, VA. : AAHPERD.
- American Alliance for Health, Physical Education, Recreation and Dance (1984). *Technical Manual, Health Related Physical Fitness.* Reston, VA : AAHPERD.
- Armstrong, N., Simons-Morton, B. (1994). Physical activity and blood lipids in adolescents. *Pediatric Exercise Science*, 6, 381-405.
- Armstrong. N.. Van Mechelen, W. (1998). Are young people fit and active? In Biddle, S., Sallis, J., Cavill, N. (Eds.) : *Young and Active? Young People and Health-Enhancing Physical Activity—Evidence and Implications.* London : Health Education Authority, 69-97.
- Bailey, D. A., McKay, H. A., Mirwald, R. L., Crocker, P. R. E., Faulkner, R. A. (1999). The University of Saskatchewan Bone Mineral Accrual Study : A six year longitudinal study of the relationship of physical activity to bone mineral accrual in growing children. *Journal of Bone and Mineral Research*, 14, 1672-1679.
- Bar-Or, O., Baranowski, T. (1994). Physical activity, adiposity, and obesity among adolescents. *Pediatric Exercise Science*, 6, 348-360.
- Beunen, G. P, Malina, R. M., Renson, R., Simons, J., Ostyn, M., Lefevre, J. (1992). Physical activity and growth, maturation and performance : A longitudinal study. *Medicine and Science in Sports and Exercise*, 24, 576-585.
- Blair, S. N., Clark, D. G., Cureton, K. J., Powell, K. E. (1989). Exercise and fitness in childhood : Implications for a lifetime of health. In Gisolfi, C. V., Lamb, D. R. (Eds.) : Perspectives in Exercise Science and Sports Medicine. Volume II. *Youth, Exercise, and Sport.* Indianapolis, In. : Benchmark Press, 401-430.
- Blimkie, C. J. R., Ramsay, J., Sale, D., Mac-Dougall, D., Smith, K., Garner,

S. (1989). Effects of 10 weeks of resistance training on strength development in prepubertal boys. In Oseid, S., Carlsen, H. K. (Eds.) : *Children and Exercise* XIII. Champaign, IL : Human Kinetics, 183-197.
- Blimkie, C. J. R., Sale, D. G. (1998). Strength development and trainability during childhood. In Van Praagh, E. (Ed.) : *Pediatric Anaerobic Performance.* Champaign, IL : Human Kinetics, 193-224.
- Bouchard, C., Malina, R. M., Perusse, L. (1997). *Genetics of Fitness and Physical Performance.* Champaign, IL : Human Kinetics.
- Bouchard, C., Shephard, R. J. (1994). Physical activity, fitness, and health : The model and key concepts. In Bouchard, C., Shephard, R. J., Stephens, T. (Eds.) : *Physical Activity, Fitness, and Health.* Champaign, IL : Human Kinetics, 77-88.
- Centers for Disease Control (1995). National Youth Risk Behavior Survey. Atlanta, GA : Centers for Disease Control.
- Centers for Disease Control (1998) Youth risk behavior surveillance-United States, 1997. *Morbidity and Mortality Weekly Report,* 47 : no. SS-3.
- Clarke, H. H. (1971). Basic understanding of physical fitness. *Physical Fitness Research Digest,* Series 1, no. 1.
- Council of Europe (1988). *EUROFIT : Handbook for the EUROFIT Tests of Physical Fitness.* Rome : Council of Europe, Committee for the Development of Sport.
- Despres. J.-P., Bouchard, C., Savard, R., Tremblay, A., Marcotte, M., Theriault, G. (1984). The effect of a 20-week endurance training program on adipose-tissue morphology and lipolysis in men and women. *Metabolism,* 33, 235-239.
- Eriksson, B. O. (1972). Physical training, oxygen supply and muscle metabolism in 11-13 year old boys. *Acta Physiological Scandinavica,* Supplement 384.
- Ewing, M. E., Seefeldt, V. D., Brown, T. P (1996). Role of organized sport in the education and health of American children and youth. New York : Carnegie Corporation, Carnegie Meeting Papers.
- Faigenbaum, A. D., Westcott, W. L., Micheli, L. J., Outerbridge, A. R., Long, C. J., LaRosa-Loud, R., Zaichkowsky, L. D. (1996). The effects of strength training and detraining on children. *Journal of Strength and Conditioning Research,* 10, 109-114.

- Faigenbaum, A. D., Westcott, W. L., LaRosa, Loud, R., Long, C. (1999). The effects of different resistance training protocols on muscular strength and endurance development in children. *Pediatrics* 104, 1-7 (electronic pages).
- Fournier, M., Ricci, J., Taylor, A. W., Ferguson, R. J., Montpetit, R.R., Chairman BR (1982). Skeletal muscle adaptation in adolescent boys : sprint and endurance training and detraining. *Medicine and Science in Sports and Exercise,* 14, 453-456.
- Fukunaga, T., Funato, K., Ikegawa, S. (1992). The effects of resistance training on muscle area and strength in prepubescent age. *Annals of Physiological Anthropology,* 11, 357-364.
- Gutin, B., Cucuzzo, N., Islam, S., Smith, C., Stachura, M. E. (1996). Physical training, lifestyle education, and coronary risk factors in obese girls. *Medicine and Science in Sports and Exercise,* 28, 19-23.
- Gutin, B., Humphries, M. (1998). Exercise, body composition, and health in children. In Lamb, D., Murray, R. (Eds.) : Perspectives in Exercise Science and Sports Medicine. Vol. 11. *Exercise, Nutrition, and Weight Control.* Carmel, IN : Cooper, 295-347.
- Gutin, B., Owens, S. (1999). Role of exercise intervention in improving body fat distribution and risk profile in children. *American Journal of Human Biology,* 11, 237-247.
- Gutin, B., Owens, S., Slavens, G., Riggs, S., Treiber, F. (1997). Effects of physical training on heart period variability in obese children. *Journal of Pediatrics,* 130, 938-943.
- Haubenstricker, J., Seefeldt, V. (1986). Acquisition of motor skills during childhood. In Seefeldt, V. (Ed.) : Physical Activity and Well-Being. Reston, Va. : *American Alliance for Health, Physical Education, Recreation and Dance,* 41-101.
- Huang, Y. C., Malina, R. M. (no date). Physical activity and health-related fitness in Taiwanese youth 12-14 years (in preparation).
- Ikai, M. (1966). The effects of training on muscular endurance. In Kato, K. (Ed.) : Proceedings of the International Congress of Sports Sciences, 1964. Tokyo : University of Tokyo Press, 145-158.
- Ilich, J. Z., Skugor, M., Hangartner, T., Baoshe, A., Matkovic, V. (1998). Relation of nutrition, body composition and physical activity to skeletal development : A cross-sectional study in preadolescent females. *Journal*

of the American College of Nutrition, 17, 136-147.
- Kannus, P., Sievanen, H., Vuori, I. (1996). Physical loading, exercise, and bone. *Bone* 18, 1S-3S.
- Katzmarzyk, P. T., Malina, R. M. (1998). Contribution of organized sports participation to estimated daily energy expenditure in youth. *Pediatric Exercise Science,* 10, 378-386.
- Katzmarzyk, P. T., Malina, R. M., Bouchard, C. (1999) Physical activity, physical fitness, and coronary heart disease risk factors in youth : the Quebec Family Study. *Preventive Medicine,* 29, 555-562.
- Katzmarzyk, P. T., Malina, R. M., Song, T. M. K., Bouchard, C. (1998). Physical activity and health-related fitness in youth : A multivariate analysis. *Medicine and Science in Sports and Exercise,* 30, 709-714.
- Loucks, A. B., Vaitukaitis, J., Cameron, J. L., Rogol, A. D., Skrinar, G., Warren, M. P., Kendrick, J., Limacher, M. C. (1992). The reproductive system and exercise in women. *Medicine and Science in Sports and Exercise,* 24, S288-293.
- Malina, R. M. (1983). Menarche in athletes : A synthesis and hypothesis. *Annals of Human Biology,* 10 : 1-24.
- Malina, R. M. (1990). Growth, exercise, fitness, and later outcomes. In Bouchard, C., Shephard, R. J., Stephens, T., Sutton, J. R., McPherson, B. D. (Eds.) : *Exercise, Fitness, and Health : A Consensus of Current Knowledge.* Champaign, IL. : Human Kinetics, 637-653.
- Malina, R. M. (1995). Physical activity and fitness of children and youth : Questions and implications. *Medicine, Exercise, Nutrition, and Health,* 4, 123-135.
- Malina, R. M. (1996). Tracking of physical activity and physical fitness across the lifespan. *Research Quarterly for Exercise and Sport,* 67 (suppl. to no. 3), 48-57.
- Malina, R.M. (1998a). Growth and maturation of young athletes—Is training for sport a factor? In Chan, K.-M., Micheli, L. J. (Eds.) : *Sports and Children.* Hong Kong : Williams and Wilkins Asia-Pacific, 133-161.
- Malina, R. M. (1998b). Physical activity, sport, social status and Darwinian fitness. In Strickland, S. S. and Shetty, P. S. (Eds.) : *Human Biology and Social Inequality.* Cambridge : Cambridge University Press, 165-192.
- Malina, R. M. (2000). Growth and maturation : Do regular physical activity and training for sport have a significant influence? In Armstrong, N.,

- Van Mechelen, W. (Eds.) : *Paediatric Exercise Science and Medicine.* Oxford : Oxford University Press, 95–106.
- Malina, R. M., Bouchard, C. (1991). *Growth, Maturation and Physical Activity.* Champaign, IL : Human Kinetics.
- Malina, R. M., Bouchard, C., Bar-Or, O. (in press). *Growth, Maturation and Physical Activity, 2nd edition.* Champaign, IL : Human Kinetics.
- McManus, A. M., Armstrong, N., Williams, C. A. (1997). Effect of training on the aerobic power and anaerobic performance of prepubertal girls. *Acta Paediatrica* 86, 456–459.
- Mirwald, R. L., Bailey, D. A. (1986). *Maximal Aerobic Power.* London, Ontario : Sport Dynamics.
- Mirwald, R. L., Bailey, D. A., Cameron, N., Rasmussen, R. L. (1981). Longitudinal comparison of aerobic power in active and inactive boys aged 7.0 to 17.0 years. *Annals of Human Biology* 8, 405–414.
- Montoye, H. J., Block, W., Metzner, H., Keller, J. B. (1977). Habitual physical activity and glucose tolerance : Males age 16–64 in a total community. *Diabetes* 26, 172–176.
- National Association for Sport and Physical Education (1997) Shape of the Nation Report : A Survey of State Physical Education Requirements. Reston, VA : AAHPERD.
- Nielsen, B., Nielsen, K., Behrendt Hansen, M., Asmussen, E. (1980). Training of "functional muscular strength" in girls 7–19 years old. In Berg, K., Erikssoh, B. O. (Eds.) : *Children and Exercise IX.* Baltimore : University Park Press, 69–78.
- Nordstrom, P., Pettersson, U., Lorentzon, R. (1998). Type of physical activity, muscle strength, and pubertal stage as determinants of bone mineral density and bone area in adolescent boys. *Journal of Bone and Mineral Research,* 13, 1141–1148.
- Parizkova, J. (1970). Longitudinal study of the relationship between body composition and anthropometric characteristics in boys during growth and development. *Glasnik Antropoloskog Drustva Jugoslavije* 7, 33–38.
- Parizkova, J, (1977). *Body Fat and Physical Fitness.* The Hague : Martinus Nijhoff.
- Pate, R .R., Dowda, M., Ross, J. G. (1990) Associations between physical activity and physical fitness in American children. *American Journal of Diseases of Children,* 144, 1123–1129.

- Pate, R. R., Long, B. L., Heath, G. (1994) Descriptive epidemiology of physical activity in adolescents. *Pediatric Exercise Science* 6, 434-447.
- Payne, V. G., Morrow, J. R. (1993) Exercise and VO2max in children : A meta-analysis. *Research Quarterly for Exercise and Sport,* 64, 305-313.
- Pfeiffer, R. D., Francis, R. S. (1986). Effects of strength training on muscle development in prepubescent, pubescent, and postpubescent males. *Physician and Sportsmedicine* 14, 134-143.
- Rarick. G. L. (1960). Exercise and growth. In Johnson, W. R. (Ed.) : *Science and Medicine of Exercise and Sports.* New York : Harper and Brothers, 440-465.
- Renson, R., Beunen, G., Claessens, A. L., Colla, R., Lefevre, J., Ostyn, M., Schueremans, C., Simons, J., Taks, M., Van Gerven, D. (1990). Physical fitness variation among 13 to 18 year old boys and girls according to sport participation. In Beunen, G., Ghesquiere, J., Reybrouck, T., Claessens, A. L. (Eds.) : *Children and Exercise.* Stuttgart : Ferdinand Enke Verlag, 136-144.
- Riddoch, C. (1998). Relationships between physical activity and physical health in young people. In Biddle, S., Sallis, Cavill, J. N. (Eds.) : *Young and Active? Young People and Health-Enhancing Physical Activity —Evidence and Implications.* London : Health Education Authority, 17-48.
- Ross, J. G., Gilbert, G. G. (1985). The National Children and Youth Fitness Study : A summary of findings. *Journal of Physical Education, Recreation and Dance* 56, 45-50 (Jan).
- Rowland, T. W., Boyajian, A. (1995). Aerobic response to endurance exercise training in children. *Pediatrics* 96, 654-658.
- Sale, D. (1989). Strength and power training during youth. In Gisolfi, C. V., Lamb, D. R. (Eds.) : Perspectives in Exercise Science and Sports Medicine. Volume II. *Youth, Exercise, and Sport.* Indianapolis, In : Benchmark Press, 165-216.
- Sallis, J. F., McKenzie, T. L., Alcaraz, J. E. (1993). Habitual physical activity and health-related physical fitness in fourth grade children. *American Journal of Diseases of Children,* 147, 890-896.
- Saltin, B., Gollnick, P. D. (1983) Skeletal muscle adaptability : Significance for metabolism and performance. In Peachey, L. D (Ed.) : *Handbook of Physiology,* Section 10, Skeletal Muscle. Bethesda, MD : American

Physiological Society, 555-631.
- Saris, W. H. M., Elvers, J. W. H., van't Hof, M. A., Binkhorst, R. A. (1986). Changes in physical activity of children aged 6 to 12 years. In Rutenfranz, J., Mocellin. R., Klimt, F. (Eds.) : *Children and Exercise XII*. Champaign, IL : Human Kinetics, 121-130.
- Sasaki, J., Shindo, M., Tanaka, H., Ando, M., Arakawa, K. (1987). A long-term aerobic exercise program decreases the obesity index and increases the high density lipoprotein cholesterol concentration in obese children. *International Journal of Obesity*, 11, 339-345.
- Shephard, R. J., Lavallée, H. (1993a). Enhanced physical education and body fat in the primary school child. *American Journal of Human Biology*, 5, 177-189.
- Shephard, R. J., Lavallée, H. (1993b) Impact of enhanced physical education in the prepubescent child : Trois Rivières revisited. Pediatric Exercise Science 5, 177-189.
- Shephard, R. J., Lavailée, H. (1994). Impact of enhanced physical education on muscle strength of the prepubescent child. *Pediatric Exercise Science*, 6, 75-87.
- Sklad, M. (1975). The genetic determination of the rate of learning of motor skills. *Studies in Physical Anthropology* 1, 3-19.
- Slemenda, C. W., Miller, J. Z., Hui, S. L., Reister, T. K., Johnston, C. C. (1991). Role of physical activity in the development of skeletal mass in children. *Journal of Bone and Mineral Research*, 6 : 1227-1233.
- Slemenda, C. W., Reister, T. K., Hui, S. L., Miller, J. A., Christian, J. C., Johnston, C. C. (1994), Influences on skeletal mineralization in children and adolescents : Evidence for varying effects of sexual maturation and physical activity. *Journal of Pediatrics*, 125, 201-207.
- Thomis, M. A., Beunen, G. P., Maes, H. H., Blimkie, C. J., Van Leemputte, M., Claessens, A. L., Marchal, G., Willems, E., Vlietinck, R. F. (1998). Strength training : Importance of genetic factors. *Medicine and Science in Sports and Exercise*, 30, 724-731.
- Verschuur, R. (1987). Daily physical activity : Longitudinal changes during the teenage period. Haarlem, The Netherlands : Uitgeverrij de Vrieseborch.
- Vogel, P. G. (1986). Effects of physical education programs on children. In Seefeidt, V. (Ed.) : Physical Activity and Well-Being. Reston, VA : Amer-

ican Alliance for Health, Physical Education, Recreation and Dance, 455–509.
- Von Dobeln, W., Eriksson, B. O. (1972). Physical training, maximal oxygen uptake and dimensions of the oxygen transporting and metabolizing organs in boys 11–13 years of age. *Acta Paediatrica Scandinavica,* 61, 653–660.
- Welsman, J. R., Armstrong, N., Withers, S. (1997). Responses of young girls to two modes of aerobic training. *British Journal of Sports Medicine,* 31, 139–142.
- Weltman, A., Janney, C., Rians, C. B., Strand, K., Berg, B., Tippitt, S., Wise, J., Cahill, B. R., Katch, F. I. (1986). The effects of hydraulic resistance strength training in pre-pubertal males. *Medicine and Science in Sports and Exercise,* 18, 629–638.

5 スポーツと運動の心理的効果と社会的貢献

Wolf-Dietrich Brettschneider
University of Paderborn, Germany

1. 体育は重要でない科目に降格されつつあるのか

　今日，多くの国で大規模な教育改革が行われつつあり，学校教育課程に科目として組み込まれたいと思っている教科はどの教科も，自らの存在価値を証明しなければならない．学校教育課程の科目としての正当性を容易に説明できるものもあれば，そうでないものもある．負け組の教科の一つに数えられるているのが体育である．体育は，次第に多くの国で質量ともに縮小されつつある．週あたりの体育授業時間数は削減されており，固有の価値を持つ教科としてのその地位は，脅かされている（Hardman, 1998 ; Schempp, McCullick & Schuknecht, 1999）．

　いったい何が起こったのか．どうしてこのような状況になったのか．考えられる答えは2つある．1つは，他教科がより巧みに主張を展開し，説得力をもって存在価値を証明できているということ．もしそうであるなら，従来からあった教科のチャンピオンズリーグから体育が脱落することは，いたしかたないということになるだろう．もう1つ考えられることは，体育の存在価値を証明するに足る理由があるにもかかわらず，十分な説得力をもって主張できていないため，体育が必要不可欠な教科であることを有力政治家や政策決定者に納得させるまでに至っていないということである．そして，多くの徴候が，体育がこの後者の状況にあることを示している．

　本論の目的は，体育が必要不可欠な教科であるということを支持する実証的な主張を提示することである．著者が関心を持っているのは，体育が若者一人一人の成長に貢献し，そして結果的にコミュニティーの発展にも貢献するということである．本論では，体育の「身体」の領域と直接関わる目的（Malina, 1999 参照）

は扱わない．まずは，身体活動と，青年期の発達にとって重要ないくつかの心理的・社会的側面との関係に焦点を当て，そして最後に，この目的を学校という環境の中で達成することが重要であることを実証する．

この文脈において明確にしておく必要があるのは，心理的・社会的効果に注目するということは何を意味するかということ，そして，本論の限界である．

1. 身体活動を行うことによる心理的・社会的効果に注目するということは，前提として，学校体育が少なくとも以下の2つの課題を達成しなければならないということを意味している．
   - 第1の課題は，体力を向上させ，身体活動，特にプレイやゲーム，スポーツの要素を含んだ文化的活動を十分行うために必要な運動技能を養うことである．
   - 加えて，体育は，青少年の社会性の発達，認知能力の発達，感情の発達に貢献するという課題を託されている．このように，社会性，認知能力，感情といった下位領域に分けて発達について述べるのは，あくまで分析的な目的のためである．実際には，人の発達プロセスは下位領域ごとにばらばらに進行していくわけではない．社会性，認知能力，感情の発達は，同時に進み，互いに相互作用しあって，青少年の発達全体に影響を及ぼす．
2. 本論の限界は次のようなものである．まず，身体活動が発達の諸側面に影響を与え得ることを示す実証的な知見は，これまで学校以外でのスポーツ活動に関する研究で得られたものであるということを，最初にことわっておかなければならない (McKenzie et al., 1997)．様々な理由から，これらの研究結果を，単純に体育全般に当てはめて考えることができない．1つには，国によってカリキュラムが大きく異なっているということがある．カリキュラムは，政府や校区によって決められ，目的も内容も様々である．さらに，専門機関や国の教育カリキュラムによって特定の基準が設定されたとしても，末端の現場で決定するのは教師である (NASPE, 1995)．体育教師のカリキュラムに対する指向性や体育哲学は，スポーツや学校の社会化のようには行政の指導の影響を受けない (Schempp, McCullick & Schuknecht, 1999)．体育が青少年の発達に影響

を及ぼすことを示す研究結果を一般化できないのは，このように，その成果を左右する変数が多種多様だからである．また，青少年が，体育に限らず，様々な状況で運動やスポーツを行っていることも，この一般化を難しくしている．成果が得られたとしても，体育によるものか，ふだん遊びでサッカーやスケートボードをしているからなのか，スポーツクラブでのトレーニングの成果なのか，正確に区別することができないからである．

　こうした限界はあるが，本論では，なぜ学校体育が，特に教育場面での運動プログラムが，青少年の発達において特別な役割を果たすと言えるのかを明確にしていく．

2. 青年期の発達とサポートの必要性

　身体運動のもたらす心理的効果や社会的利益が重要な意味を持つようになった，その背景にあるのは，社会的変化，特に今日の若者を取り巻く社会の変化である．現代の若者の生活について，どこの国にも共通する特徴を示すことはできない．各国間の社会的，文化的，経済的な差異が大きすぎる（Brettschneider, 1994；DeKnop et al., 1996）からである．裕福な先進西洋諸国に関しても，私たちが目の当たりにしている社会的変化が青年の置かれている状況に及ぼしている影響力の大きさは，研究者によって評価が分かれる．今日の若者は，「楽しい社会」の一員で，興奮や気晴らしや個人的な楽しみを求めることに駆り立てられ，「日なた」の生活を送っていると見る研究者もいる．こうした肯定的な立場では，若者は自らの人生を作り上げていけるものと解釈されている．大半の研究者は，高度に発展した私たちの社会が現在直面している社会的変化の暗部に目を向けている．こうした研究者から見れば，若者は「リスクの大きな社会」に生き，経済危機から社会の大変革に至るまで，あらゆる危険に脅かされ，深い自己不確定性の迷路に囚われているということになる（Brinkhoff, 1998）．

　明らかに，開発途上国では，若者の生活状況についての問題は西側先進国とは異なっている．そこで問題となっているのは，若者が希望を持って自らの将来を思い描き，達成できるという肯定的な期待をふくらませ，自分達の社会に対して希望を持つ者となることを可能にするには，どのようなことをする必要があるか，

ということである.

　文化的背景の違いを越えてどの国においても，青年期は人生の一段階であり，必然的に相反するものを同時に有している感覚を伴う．若いということ，青年期の成長段階に在るということは，リスクがあり，かつ可能性があるということを意味する．青年期に順調に成長しているということは，重大な影響を及ぼす身体的，心理的，情緒的変化に対処する能力があるということであり，一方で，それと同時に，特定の社会生活上の条件や構造，制度にうまく融合していることも示している．成長が順調に進むかどうかは，若者が個人的・社会的支援を得られる状態にあるかどうかと，そして彼らが得ることのできるサポートの質によるところが大きい．サポートは，自分自身に対して抱いているイメージや自尊心，自信，達成や成功の体験，そして，社会的ネットワークからもたらされる.

　こうした状況に身体活動が導入されるのである．身体活動やスポーツは，青年期の発達を仲介する役割を果たすことができるだろうか．若者に社会的サポートを提供するサポート源，自分のパーソナリティを伸ばそうとして必ず直面する発達課題に取り組む若者を助けるようなサポート源を，身体活動は開拓することができるだろうか．

　以下では，青年期において運動やスポーツがもたらす心理的・社会的効果に焦点を当てて各国で行われた横断的研究と縦断的研究，そして私たちの研究について述べる（Biddle, Sallis & Cavill, 1998 ; Brettschneider & Brandl-Bredenbeck, 1996 ; Brettschneider & Heim, 1997 ; Brettschneider & Klimek, 1998 ; Dishman, 1995）.

1. 実証的研究

1. 身体活動と自己概念

　ほとんどの研究が，運動やスポーツに従事することと青年期の成長の諸側面との間にプラスの連関があることを示唆している（Biddle, Sallis & Cavill, 1998）．スポーツに従事することによって若者は，スポーツをしていない者が感じるよりももっと強い自信を実感することができるようである（Whitehead & Corbin, 1997）．以下に3つの事例を挙げる.

1. 競技スポーツの場合，トップレベルで競技を行っている青少年は，非競技的な活動に関わっている青少年と比べて，かなりポジティブな自己概念を持っている（Brettschneider & Klimek, 1998 ; Richartz & Brettschneider, 1996）．このよりポジティブな傾向は，身体的な側面に関する自己概念だけでなく，社会的側面にも，そして驚くべきことに知的側面に関する自己概念にも表れている．これらの諸側面にはプラスの影響が強く見られるが，一方で，競技性の強いスポーツと情動的自己概念との関係は中程度であることが示されている．また，高いレベルでスポーツに従事することは，自己概念の性差を打ち消すようである．高い望みや野心を抱く女子のスポーツ競技者の自己概念のスコアは，青年男子と同じくらい高い．
2. スポーツクラブでの活動は，身体活動の質も程度も競技スポーツとは全く違うが，非常に興味深いことに，スポーツクラブに参加している青年と運動に興味を持っていない青年を比較したところ，1と同様の結果が見出された．スポーツクラブに参加している青年は，スポーツクラブで行うような運動に縁のない者に比べて，全体的に自己概念のスコアが有意に高い．また，スポーツクラブレベルにおいても，女子の方が男子よりも，身体活動に従事することの恩恵を受けていることを示す強力な証拠が，見出されている．
3. 少数民族出身者や身体的・精神的障害を持つ者の運動やスポーツ従事について調べた研究は数少ない．参照できる研究は少ないが，「ハンデを持つ」とされる青年の身体活動と自己概念の間にプラスの関係があることを示す結果が得られている．

　年齢を分析の観点とした研究では，青年期を通じて活発に運動していた者の自己概念が驚くほど安定していること，そして，身体的自己は，特に青年期初期の自己概念の形成にとって重要な意味を持っていることが示されている．発達の段階が進むにつれて，このように身体的自己概念が優位な役割を果たすことはなくなっていく．

　自己概念のモデルとして，記述的・評価的側面を持つ階層的な多次元的モデルに基づいていうとすれば（Marsh, 1990），身体活動に従事することは，青年期に

おいて，自己知覚を高めるだけでなく，全体的自尊心も高めることができる (Shields & Bredemeier, 1995 ; Whitehead & Corbin, 1997)．

　研究結果から見れば，身体活動やスポーツが青年期の自己概念にプラスの効果をもたらすということについてコンセンサスが得られているが，1つの注意書きをつけておきたい（Fox, 1997）．私たちは，身体活動やスポーツでの否定的な経験や否定的な身体的自己が，自尊心を傷つけることを忘れるべきではないということである．社会的な資本にもなり得るスポーティで健康的，魅力的な身体の遍在には，マイナス面もある．身体によって価値が増すところでは，身体による価値の下落もある．それは，太っている者あるいは運動能力に恵まれていない青年の自尊心に影響する．簡単に言ってしまえば，「スポーティでない者」が，結果的に苦労することになる．

2．身体活動とストレス対処

　青少年を対象とした最近の追跡調査では，薬物乱用，すなわち，興奮剤や鎮静剤の使用の増加，合法的・非合法的薬物へと向かう傾向が，驚くほど強くなっていることが示されている．こうした行動は，その本質から言えば，増大する心理的・社会的ストレスに対処しようとして取られる極端な問題行動であると解釈することができる．若い世代に主に課せられている要求は学歴や社会的地位であるので，学校が相当なストレス源となっているのは今さら驚くべきことではない．しかし，多くの近代社会においては，ストレスは学校に限ったことではなく，余暇の時でさえ生じる．何か逃してはいないかと常に不安に思ったり，流行のファッションに乗り遅れないように躍起になること，こうしたことが大きなストレスをさらに大きくする．こうしたストレッサーをうまく処理できない若者が次第に増えている（Brinkhoff, 1998）．私たちの研究結果によれば，心理的・身体的症状の出現には性差があり，男子よりも女子の方が頻度が高い．しかし，データでは，身体活動やスポーツをしている男女は，そうでない者に比べてより強い抵抗力を持っていることも示されている．そうは言っても，こうした領域に関する研究データの質はまだ低いと言わざるを得ない．この点について結論を下すことには，まだ十分注意しなければならない．

3. 身体活動と薬物乱用，逸脱，非行

注意が必要なのは，薬物乱用，逸脱行動，非行と，身体活動やスポーツとの関係に関するデータも同様である（Biddle, Saliis & Cavill, 1998）．今までのところ，実証的研究の数が少なく，実証的データも不十分である．私たちが現在進めている縦断的研究の結果は，国際的な研究で得られているものと同じく曖昧な結果を示している．全体的に見ると，積極的にスポーツをしている者は，そうでない者に比べて，合法的・非合法的薬物使用に手を染めてしまう傾向が弱いという結果が得られている．より詳細に分析してみると，調査対象者のスポーツ活動のタイプが重要な要因となっていることが分かる．飲酒と喫煙が最も広まっているのは，男子サッカー選手の群である．特定の近代的快楽主義的なスポーツ活動への参与と禁止薬物の使用が密接に関係しているということは，身体活動と薬物乱用は関連性がないという主張と明らかに矛盾するものである．

社会的行動と，スポーツや身体活動を行っていることとの関係を調べる方法として，逸脱行動や非行に注目するという方法がある．プレーやスポーツを経験することによって社会的能力の発達が促されるということは，広く認められていることである．しかしながら，この可能性を確証する実証的データを得ることは難しく，得られている証拠は曖昧なものである．著者らの研究にも，スポーツや身体活動を行っていることと青少年の非行や逸脱行動との間に負の関係があるということを支持するデータはあるにはあるが，全体的に見れば，この主張を支持するのに十分な証拠を提供している研究結果であるとはいえない．この問題に関しては，間違いなく，もっとデータが必要である．何よりもまず，実証的研究や縦断的研究によって，相関関係的結果を支持し，因果関係について述べられるようにすることが必要である．

4. 身体活動と社会的統合

今日の若者は，もはや家族や学校，教会や近隣といった確実な社会的絆に頼ることはできない．自分がよって立つ地盤を失いつつある若者の数は，次第に増えている．結果的に，社会的ネットワークやその支援的な機能が，その重要性を増してきている．青少年は，余暇時間のほとんどを友人と過ごしている．彼らは，自分の仲間集団の文化と強く関わっている．仲間から排除されること，すなわち

社会的孤立は，青年に非常に強いストレスをもたらす．一方で，ある集団に溶け込むことは，自尊心を高める．身体活動やスポーツは，青年男女にとって，社会的ネットワークに融合し，社会的な自信を深める理想的な機会である．身体活動やスポーツでは，青年は互いに関わりあうことを要求され，それに参加することは大きな社会的サポート源となる可能性を持っている．このことを示す強力な証拠が私たちの研究でも得られている．このことと関連して，付け加えておかなければならないことは，仲間集団への融合だけでなく，異なる世代間の融合も身体活動によって支えられるということである．スポーツ場面での若者と年配者との関係は，明らかに，実生活の他の場面での関係よりもずっと問題が少ない．

また，ここで述べておかなければならないことは，スポーツ活動の中で社会的に融合していくことと，スポーツ活動を通じて社会的に融合していくことは，混在した複雑なメッセージを伝えているということである．スポーツでの仲間集団は支援や保護を提供する社会的資源としての機能を果たすことができる．これをコインの表とすれば，コインの裏はスポーツ集団が自動的に社会的サポートの供給源として役立つようになるということはなく，そうした機能が働かないということもあり得る．すなわち，スポーツ集団は，集団特有の望ましくない行動を学ぶところにもなり，飲酒や薬物や暴力への取り込みが始められ，そうしたことが支持される場ともなり得る．

5. 身体活動とライフスタイル

活動的なライフスタイルを志向するということは，体育の主要な長期目標の1つである．活動的なライフスタイルとは言っても，私たちは身体活動とライフスタイルの関係について何を知っているだろうか．スポーツ，体力づくりの運動，身体概念と関連したその他の行動は，すべてライフスタイルの重要な要素でありシンボルである (Brettschneider & Heim, 1998；Pieron, Telama & Almond, 1998；Naul et al., 1997)．

こうして考えてみると，いくつかの疑問が生じる．例えば，スポーツという活動をすることに決めた青年は，スポーツをしない青年とは違うライフスタイルを志向するのか．政治的志向性や社会的志向性も異なっているのか．スポーツ従事は，青年のライフスタイルを区別する適切なパラメータといえるのか．

ライフスタイルという概念は幾分あいまいなので，このことに関する研究結果を比較するのは難しい．ここでは，数千人のドイツの青年を対象として行われた研究（Brettschneider & Bräutigam, 1990）を挙げて，青年のライフスタイルについて考えてみる．この研究では，身体，スポーツとライフスタイルとの関係に焦点を当て，家族，友人，トレーニング，仕事，レジャー，政治，スポーツ，身体といった生活の諸側面に対する態度だけでなく，健康や栄養についても調査した．性別，年齢，教育レベルの諸層を独立変数として，ライフスタイルを比較検討した．因子分析とクラスター分析によって，調査対象となった青年のライフスタイルの分類基準が設定された．結果として得られたライフスタイルの分布から，青年の生活に対する志向は，両親やおとな，友人に対する態度と密接に関係している一方で，スポーツの概念，ボディイメージ，健康の評価とも密接に関係している．紙面の都合上，簡単な記述しかできないが，分析の結果明らかになったライフスタイルのタイプについて以下に述べる．

タイプ1～5

1. スポーツの価値をあまり認めていない小グループで，全体の5%を占めていた．コンピュータや音楽，スポーツとは関係ない余暇活動に興味を持っている．標準体重を越えているか，あるいはひ弱な者が多く，文化的に理想的と思われている体型ではないが，自分の容姿をそれほど気にしていないようである．彼らの社会的ネットワークに問題はなく，友人や両親とはともに協調的関係にある．

2. スポーツに関わり，ボディイメージを高めるといった道具的価値をスポーツに見出している小グループ（4%）．筋肉質的な男らしさを高め誇示するために，その手段として，筋肉質の体を維持管理する活動に強い関心を持っている．生活に対する見方は，はっきりとした将来設計を示すものではない．おとなとはよそよそしい態度で接し，両親や他のおとなではなく，主に同性の仲間集団を日常生活の手本にしている．彼らの特徴的な活動や動作からこのグループのライフスタイルが推測できるといっていいかもしれない．

3. 全体のほぼ1/5に当たるこのグループ（17%）のライフスタイルは，否定的な身体概念の影響を受けている．不安定な健康状態や莫然とした身

体的な不調を感じているという点で，健康であるとは言えない．スリムで鍛えられた体型を強く望み，それによって人格的魅力が増すと考えている．このグループでは，スポーツの概念，ボディイメージ，自己概念と，社会的政治的事象に対する態度との間に複雑な相互作用が見られる．
4．全体の13％を占めるこのグループは，常に個性の発揮と自己表現に夢中になっている者たちである．ファッションやレジャーや音楽で生活をデザインすることにエネルギーを費やしている．生活スタイルの自己表現としてスポーツもするが，気晴らし程度にレクリエーション的雰囲気で行われるもので，トレーニングやパフォーマンスを追及するようなものではない．健康的でスリムな体を保ちたい，あるいはそうなりたいと望んでおり，健康志向の快楽主義という特徴を持っている．自分達の将来や，大人との関係，親との関係に関心を持っているようには見えない．スタイルと個人主義が最優先される．
5．約61％を占めるこのグループのプロフィールは，今日の普通の青年の典型を示している．このグループは，最初の探索的な分類の基準となり，その後さらに複雑な仮説が設定されテストされるというような，出発点となる分類として扱われるだろう．そうは言っても，ここでも，青年の一般的な生活の志向，社会的関係，余暇時間の選択，身体的自己概念との間に密接な関係があることが示されている．スポーツの概念と身体概念は，青年が選ぶライフスタイルの分類を検討する上で，驚くほど役に立つ分類手段となり得るだろう．

結論として，身体的自己概念，全体的自己概念，そしてライフスタイルは，青年期において相互に密接に関わり合っていると言える．これらの要因は，発達課題の達成やアイデンティティの形成にとって重要であると思われる．青年期のスポーツ参与は，それが社会的価値を持ち，身体と関係しているため，これからの青年にとって重要な問題を検討する際の有益な観点となる．今のところ，スポーツが自己概念やアイデンティティの発達に及ぼす影響については十分実証できていないが，これは，主に相関関係を示すデータしか得られていないためである．私たちは現在，より決定的な考察ができるように縦断的研究を進めており，その結果を待っているところである．

6. 欠くことのできない体育

　これまで述べてきた結果を踏まえて，体育が必要であり不可欠であることを明らかにしたい．これまでのところ，私たちは，身体活動に従事しスポーツに関わることが良好な発達を決定する要因であるのか(社会化仮説)，あるいは，特に望ましい傾向をもった青年が多くスポーツに従事しているのか(選択仮説)，という問題をまだ解決していない．因果関係は常に指摘できるとは限らないにしても，身体活動やスポーツに従事することによって，青年の生活にプラスの結果や有益な影響がもたらされ，結果的にコミュニティの発展に資する可能性があることは明らかである．したがって，さらに身体活動やスポーツに従事する機会を提供するよう努力すべきである．

　しかしながら，身体活動やスポーツ「それ自体」が発達を支援する可能性を持っていると信じるのは危険である．身体活動やスポーツによって自動的に，自尊心が高まったり，ストレスが低下したり，認知的プロセスが始動したり，社会的絆が結ばれたりすることはない．プラスの関係が生じるかどうか，少なくとも影響があるのかどうかは，青年が身体活動やスポーツに従事している間にどんな経験をするかによって左右される．さらに，こうした経験の質は，身体活動がどのような段取りで行われるかによって決まる．

　体育やスポーツ領域出身の研究者の多くは，肯定的な連関を見つけようとして，否定的な連関に気がつかない．これは，研究倫理の観点から言って容認しがたいことである．反対に，正当化する必要があるのに身体活動の望ましくない影響を抽出するというのは，確かに非生産的である．身体活動やスポーツの心理的・社会的効果に関するいくつかの結果はこうした矛盾を抱えている．そのことがまさに，身体活動を教える教育的能力の必要性と学校体育の重要性を明らかに示している．

・学校は，身体活動が教育的文脈の中で組織される場である．
・学校は，すべての青少年，男子にも女子にも，強い身体を持つ者にもそうでない者にも，社会的に恵まれた者にもそうでない者にも行き渡り，したがって，社会的不平等や分裂を避ける．
・体育は，十分なトレーニングを受けた指導者が，身体活動やスポーツの持つプラスの効果を青少年やコミュニティの発展に資するように利用するこ

とを保証する場である．
・身体活動に心理的・社会的効果があり，その力を効果的に利用するには教育的な場と教育の能力が必要であるとすれば，学校体育を強化することは，当然欠くべからざることである．

●文　献

- Biddle, S., Sallis, J. & Cavill, N. (Eds.). (1998). Young and active? *Young people and health-enhancing physical activity—evidence and implications.* London：Health Education Authority.
- Brettschneider, W.-D. & Bräutigam, M. (1990). *Sport in der Alltagswelt von Jugendlichen.* Frechen：Rittersbach.
- Brettschneider, W.-D. & Klimek, G. (1998). *Die Sportbetonte Schule.* Aachen：Meyer & Meyer.
- Brettschneider, W.-D. & Heim, R. (1997). Identity, sport and youth development. In：Fox, K. R. (Ed.)：*The Physical Self. From Motivation to Well-Being.* Champaign, IL.：Human Kinetics, 205-228.
- Brettschneider, W.-D. (1994). Youth and Sport in Europe：Implications for Physical Education. *The British Journal of Physical Education,* 25, 30-36.
- Brinkhoff, K.-P. (1998). *Sport und Sozialisation im Jugendalter.* Schorndorf：Hofmann.
- De Knop, P. et al. (Eds.). (1996). *Worldwide Trends in Youth Sport.* Champaign, IL.：Human Kinetics.
- Dishman, R. K. (1995). Physical Activity and Public Health. *Quest,* 47, 362-385.
- Fox, K. R. (Ed.). (1997). *The Physical Self. From Motivation to Well-Being.* Champaign, IL.：Human Kinetics.
- Hardman, K. (1998). To be or not to be? The present and future of school physical education in international context. In：Green, K./Hardman, K. (Eds.)：*Physical Education. A Reader.* Aachen：Meyer & Meyer, 353-382.
- Malina, R. (1999). Growth and maturation：Do regular physical activity and training for sport have a significant influence? In：Armstrong, N. & van Mechelen, W. (Eds.). *Oxford Textbook of Paedriatic Exercise Science and Medicine.* Oxford：Oxford University Press.

- Marsh, H. W. (1990). A multidimensional, hierarchical self-concept : Theoretical and empirical justification. *Educational Psychology Review*, 2, 77-172.
- McCullick, B., Schempp, P, & Schuknecht, G. (2000). The Status of Physical Education in the United States. *DVS-Informationen*, 15 (1), 16-18.
- McFee, G. & Tombinson, A. (Eds.). (1997). *Education, Sport and Leisure. Connections and Controversions.* Aachen : Meyer & Meyer.
- McKenzie, T. L. et al. (1997). Long-term effects of a Physical Education Curriculum and Staff Development Program : SPARK. *Research Quarterly for Exercise and Sport*, 68, 280-291.
- National Association for Sport and Physical Education. (1995). *Moving into the future : National standards for Physical Education.* Reston, VA : AAHPHER.
- Naul, R. et al. (Eds.). (1997). *Physical Activity and Active lifestyle of Children and Youth.* Schorndorf : Hofmann.
- Piéron, M., Telama, R. & Almond, L. (1997). Lifestyle of young Europeans, In : Walkuski, J. J. et al. (Eds.). *Proceedings of the AIESEP conference.* Singapore : Nanyang University, 403-415.
- Richartz, A. & Brettschneider, W.-D. (1996). *Weltmeister werden und die Schule schaffen.* Schorndorf : Hofmann.
- Shields, D. L. L. & Bredemeier, B. J. L. (1995). *Character Development and Physical Activity.* Champaign, IL. : Human Kinetics.
- Whitehead, J. R. & Corbin, C. J. (1997). Self-esteem in children and youth : The role of sport and Physical Education. In : Fox, K. R. (Ed.) : *The Physical Self. From Motivation to Well-Being.* Champaign, IL. : Human Kinetics, 175-204.

6 体育と健康・安寧

Victor K. R. Matsudo, Douglas R. Andrade, Sandra M. M. Matsudo,
Timoteo L. Araujo, Erinaldo Andrade, Aylton J. Figueira Jr.,
Luis C. Oliveira, and Glaucia Braggion
Physical Fitness Research Center, Sān Caetano do Sul (CELAFISCS)/
Agita Sān Paulo, Brazil

緒 言

　学校体育の良質なプログラムは身体活動，健康，福祉の促進において最も重要なものであるが，他に多くの要因が若い人達の身体活動への参加や体育に影響を及ぼし，健康を促進する可能性をもっている．その他の要因というのは文化，理解力，価値観，信念，知識，環境，態度，技術，メディア，モデル(手本)，社会生活，友人または家族の影響である．また遺伝と中枢神経系統もこれに加えてもよいだろう．

　Peruse et al. (1989) は1610の血縁・非血縁関係の親類を調べ，身体活動への遺伝の影響は29%としている．加えて Rowland (1988) は自発的な身体活動のレベルをコントロールする中枢神経系統の中にエネルギー支出コントロールセンターがあると近年主張している．

　ベルリンサミットのディスカッションの中で，いくつか基本的な質問がなされた．第1は「なぜ体育は子ども・青少年のためになされなければならないのか」という質問であった．多くの理由の中で最も共通していたものは以下の通りである．

・青少年期の身体的・精神的安寧 (well-being) の促進のため．
・将来の健康を増進し，彼らが大人になったときに身体活動を続けていく可能性を増すための身体活動の促進のため．

第2に「子ども時代は大人の身体活動の原形なのか」という問いがある．以下の研究がこれについての肯定的な答えを支持している．

- 子どもの頃に築かれた行動は大人の健康状態に影響する．（Coronary Prevention Group, 1988；Loucks, 1995）
- 子どもの頃に運動不足の生活を防ぐことは，大人になってそのような生活を改めるより良い．（WHO, 1990）
- 子どもに習慣を身に付けさせる方が，大人に習慣を変えさせるより良い．（Strong, 1992）

健康の見地から，早期の生活様式が将来病気に関連するという他の証拠をBarker（1990）の研究が示している．Barkerは子宮内の生物学上の変化が死に至りうる将来の病気を進展させる慢性的なコンディションを引き起こすと述べた人物である．

このペーパーはブラジルでの研究と世界的な調査を引用し，生涯にわたる健康的なライフスタイルの構築にどのようなファクターが影響を及ぼすのか明らかにするために，さらなる問題も調査している．

1. 身体活動とフィットネスの継続

残念ながら，フィットネスと身体活動状況における追跡調査は上記の説を確証していないし，少なくともしっかりとは立証できていない．Telama et al.（1994）は359人の生徒を9年にわたり追跡調査した結果（生徒は当初9歳），若い頃の身体活動から9年後の身体活動をあまり予知できないと結論づけている．Kelder et al.（1993）は12歳から18歳までの少年・少女を追跡調査し，もっとも肯定的な情報を提供している．追跡によると，両極端のグループ（週に6時間以上と週に1時間以下のグループ）においてその状況は最も明確であった．

少年・少女を10代後半（Raitakari et al., 1994；Vanreusel, et al,. 1993b；Van Mechelen & Kemper, 1995；Andersen & Haraldsdottir, 1993）と10代前半から（Van Mechelen & Kemper, 1995；Vanreusel et al., 1993a；Engstrom, 1991）成年初期まで追跡調査した複数の研究は，Malina（1996）による包括的な評論で確かめられているように，一般的に緩やかな不動性を論証している．

Ilhabela（リオデジャネイロとサンパウロの間に位置する島）の調査による縦断

的研究で，著者らはいくつかのフィットネス変数でその継続性を調査することができた．継続性は分布曲線の末端の方で (Matsudo et al., 1997b and 1997c)，たった 2～5 年の期間 (Brito et al., 1997 ; Andrade et al., 1997a) について，身体測定的な変数において (Arujo et al., 1997b) 最高であり，神経-運動変数において緩やかであった．逆に分布曲線の中央 (Matsudo et al., 1997b and1997c) では，10 年もの期間 (Araujo et al., 1997b ; Matsudo et al., 1996) にわたってあまり継続は見られなかった．

それゆえ，体育の場合，青年期と成人期の間の行動の良い意味での継続を前提にすることはできない．せいぜい運動しない子どもがそうでない子どもに比べて，運動しない大人になる多くの可能性を有しているという考えを支持する科学的根拠があるのみで，その逆は手に入るデータの中には見いだせない．身体活動について，また身体活動と若い人達の健康との関わりについての決定的証拠の欠如は残念なことであるという Riddoch (1998) の最近の総説に賛成である．

2. 良質な体育プログラムはフィットネスを向上させるか？

著者らのリサーチセンターはよりゆたかな体育プログラムが生徒の健康を向上させるかどうかということを見極めようとしてきた．そのため 11 歳から 17 歳まで私立学校と公立学校からの 960 人の生徒（内訳：男子 494 人・女子 466 人，私立 400 人・公立 560 人）に身体測定（身長・体重）と運動能力測定（腹筋・敏捷性・垂直跳び・幅跳び）を行った．

データによると，公立学校より充実した体育を実施している私立学校の生徒の方が，運動能力測定において体育の豊富さでは劣る公立学校の生徒よりも非常に良い結果を出している．私立学校の男子生徒が公立学校の生徒よりも非常に背が高いことから，運動能力測定の結果は体格の違いと関係しているといえるだろう．しかし，垂直跳び，幅跳びの結果を身長から補正した場合，公立学校の生徒よりも平均身長が高くないにもかかわらず，私立学校の女子生徒は良い記録を出しているという異なった見解がでてくる．この結果は良質な体育がより良いフィットネスレベルのためのかけがえのない機会であるという仮説を支持するものである (Matsudo & Matsudo, 1997)．

3. 性と文化は身体活動に影響するか？

　著者らのセンターの同僚と Andrade et al.（1997b）は低経済水準地域の女性の方が同年代の男性よりも活発な身体活動を行っていることを観察している．文献では男性の身体活動のレベルが優位であることが系統的に報告されていたため，このことは驚きであった．しかし，この情報は主に先進国でのサンプルに基づいており，著者らの場合，サンプルは Ilhabelra という Rio と São Paulo 間にある島の女性であり，そこでは地方特有の文化が大きく関わっている．さらにこのデータを分析していくと，この違いは女性が勤勉に家事に従事していることで説明されることが分かった．これは女性（41.7%）において，男性（5.9%）よりも顕著で，70.5%の男性がまったく家事を行っていないと答えている．しかし，学校への行き帰りについては 57.1%の女性に対して，100%の男性が活動的な通学方法をとっている．

4. 活発なほど健康か？

　フィットネストレーニングが多くの体育の重要な要素であることを考えると，最も活発な子どもがフィットネステストでもっとも良い結果を出すかどうかを証明するのは非常に興味深いことである．Araujo et al.（1997a）による男子 31 人，女子 16 人のデータは，身体活動のレベルとフィットネスの間には弱い傾向が見られるだけで，重大な関係性はないことを示している．この結果は「活発なほど健康的（more active, more fit）」という仮定を多少支持するに過ぎない．成熟の度合いと同様に，フィットネスには遺伝の要素が重要であるために，活発な子どもほどフィットしているとは必ずしもいえないようである．

5. 生徒の日常的な身体活動の強度とは？

　青少年は健康関連体力を向上させる活動を日常的に行っているだろうか．この疑問に答えるため，経済的にゆたかな家族の子ども達の日常における心拍数をモニターした（Araujo & Matsudo, 1998）．それらの子ども達は一日（午前 8 時～午後 8 時）の 88%の活動が強度の低い状態（心拍数＜120bpm）であることがデータから分かる．言い換えると，心臓・血管を刺激する強度で行っているのは 12%に過ぎず，この状況は平日も週末も同様であった．

この結果は高経済水準グループの文化的要素を反映しているという議論も想定し，貧しい地域でも同様の調査を行った（Matsudo et al., 1997d）．その結果，またよく似た結果が得られた．1日の81％の活動が低強度（心拍数＜120bpm）であったのに対し，高い強度（心拍数＞160bpm）での活動は平日では3％以下，週末では2％以下であった．

6. 低い社会経済水準にある子どもは活動的か？

　一般的に，低い社会経済水準にある子どもほど活発であると考えられているようである．この考え方は，発展途上国の路上で走り回ったり，懸命に農作業を行う子どもの古いイメージに基づくもののようであり，また現在でも一部当てはまるものである．しかし，爆発的な都市化に伴い，農業地域の子どもの数の減少という変化が見られ，また特に大都市周辺部も居住区での治安の悪化が昔ながらのストリートでの遊びを妨げている．このシナリオの結末は私達のセンターで行った別の研究に見出すことができる（Concalves et al., 1992）．低い社会経済水準にある思春期前の少年は，高い社会経済水準にある少年達よりも身体活動が低レベルにある．

　低い社会経済水準に属したり，多少豊かでも健康状態の劣る世界中の圧倒的多数の生徒たちのことを考慮すると，これらの結果は，グローバル化の欠点の1つが生徒に運動不足になりがちなライフスタイルを強化させるという警告と考えられる．つまり，良質の体育プログラムの果たす役割の重要性が再び浮かび上がってくるのである．アメリカの青少年の82％が何らかの身体活動を行っているのに対し，ブラジルの青少年では66％しか行っていない，という著者らのグループ（Paschoal et al., 1996）の最近の研究もこのことを物語っている．

　社会経済という観点から，もしグローバル化によって我々の学校に運動不足の子ども達が前述のように増えたとすると，グローバル化の科学技術面での影響はどうだろう．テレビ，ビデオ，そしてインターネットがフィットネスへ及ぼす影響はどうだろうか．この動向については産業化後の社会でよく裏付けられている．しかし，私たちの調査ではブラジルにおいて女子が1日4.2時間，男子が4.0時間をテレビ視聴に費やしており（Matsudo et al., 1997），これは高社会経済水準のグループの中でも変わらない．その他の研究では，テレビ視聴時間が肥満（－.27），

ランニングスピード（−.25），下肢の筋力の弱さ（−.28），そして有酸素系パワー（−.52）に重大な負の影響を与えることが見出されている．(Matsudo, S. et al., 1997)

7. 子どもの身体活動における家族と学校の役割

　良質な体育プログラムは子どもが活動的になる，またなりたいと思う基礎を築くという重大な役割を果たすが，体育が最も重要で，効果的で，ましてや唯一の要素であると考えるのはよくある間違いである．子ども達が考えていることを知ることが賢明であろう．体育も子どもに身体活動を促進するものとして挙げられているが (40%)，友人や家族はもっと重要である（それぞれ53%，59%）とアメリカのある調査 (Food, Physical Activity & Fun-What kids think, 1995) が示している．言い換えれば，新しい体育のカリキュラムもその他の家族・友人といったものが果たす役割を軽視できないのである．

　合意は得られていないが，Sallis et al. (1992) の研究を引用すると面白いかもしれない．それによると，活発な母親の子どもは，そうでない子どもに比べ2倍の確率で活発になり，父親の場合だと3倍，両親とも活発な場合だと5.8倍活発になりやすいということである．

8. 表明だけで十分なのか？

　科学において何かうまくいかない時，それは議論すべき時である．そして必要があればパラダイムをも変える．それが今の体育の危機にも当てはまるケースだろう．身体活動を行わないライフスタイルの増加とその健康と福祉に及ぼす結果を考慮して，多くのグループが体育プログラムの衰退について懸念を表そうとしてきた．このサミットの前に，若者の心臓血管疾患に関する会議 (Council on Cardio-Vascular Disease in Young, 1986)，アメリカ小児医学会 (American Academy of Paediatrics, 1987)，アメリカスポーツ医学会 (Amerivan College of Sports Medicine, 1988)，アメリカ医師会 (American Medical Association, 1992)，全米スポーツ医学連合 (Pan-American Confederation of Sports Medicine, 1996)，WHOアクティブリビングワーキンググループ (Working Group in Active Living of the World Health Organization, 1997)，健康教育局 (Health Education Authority, 1997)，より新しいものとして，南北アメリカ身体活動増進サンパウロ宣言 (Manifest from São Paulo to Improve Physcal Activity in the Americas, 1999) はこの負のシナリオに警鐘を鳴らし，克服する動きを求める例である．

しかし，これで十分でないことは明らかである．我々は一種矛盾した状態に陥っている．体育，スポーツ，フィットネス，身体活動は今世紀になって議論されてきただけである．我々は人間の運動についてさほど多くの知識を蓄積してはいない一方で，世界中がそれほど重度の非活動的な生活スタイルに陥っているわけでもないのだ．

結論として，知識がそれ自体で事態を変えることはできないといえる．そして，もし1つの望みが体育を通して身体活動を促進することなら，我々は効果的な介入を行い，体育を私たちが考えるような重要なツールにしていく必要がある．身体形成，レジャー，レクリエーション，スキルなどの構成要素を超えて，体育を促進することによって活動的な人々の生活を創造していきたいものである．

9. 身体活動を促進するための学校中心のプログラム

学校では身体活動を増進するプログラムを発展させる多くの試みがなされてきた．2つの包括的な評論（Stone et al., 1998；Sallis & Owen, 1999）が近年発行され，最も効果的だったものを挙げている．それらの中でSallis et al. (1997) によるSPARK (Sports, Play, Recreation for Kids) と Luepker et al. (1996) によるCATCH (Child and Adolescent Trial for Cardiovascular Health) に注目したい．その成果はまだ楽観的なものであり，その2つの提案は低経済水準地域が容易にまかなうことのできない費用を必要とするものであるが，これらはおそらく最もよくデザインされたものであろう．

10. Agita São Paulo：多くの様相を持つ介入プログラム

Agita São Paulo は，34億人を超える人口を持つ São Paulo 州で，身体活動の効果に関する知識を使った身体活動を促進するプログラムである（Matsudo & Matsudo, 1997；Matsudo et al., 1998). Agita は140以上もの政府・非政府組織の援助により，Center of Studies of the Physical Fitness research Center (CELAFISCS) と State Secretary for Health によって組織されている．1997年2

Meiorito
図 6.1　*Agita São Paulo*のマスコット「30 分マン」

月に始まったプログラムは生徒と労働者そして高齢者に焦点が当てられている．
　このプログラムの一番の主張は CDC（Centers for Disease Control）/ACSM（American College of Sport Medicine）のガイドライン（Pate et al., 1995）を基にしたものであり，すべての人が週のほとんどの日を，1 日少なくとも 30 分以上，中程度のレベル（特別に運動をしている人にとっては軽いくらいの）で，継続的または断続的に身体活動を実施することである．そのため，このプログラムのマスコットは「30 分マン（Half-hour Man）」である（図 6.1）．10 代のグループについては，少なくとも週に 3 日，20 分以上持続して活発な運動を行うべきだと主張している（Biddle et al., 1998）．Agita は，ストラテジーとして，生物学，社会心理学そして学校側にもたらす身体活動の利益を強調している．健康関連体力の利益とは，より適正な体重と脂肪のコントロール，筋力，スピード，敏捷性，柔軟性の増加，有酸素・無酸素系パワーの向上である．その他の健康的利益は血圧のコントロール，インシュリンの感受性の向上，関節機能の向上，脂質プロフィール，筋力増加，骨密度の増加といったものである（U. S. Surgeon General's Report,

1996)

　しかし，その潜在的な健康への利益も教育の権威や，体育教育者を動かすほど強いものではないように思える．そのため Agita São Paulo プログラムは生物学的な成果だけでなく，社会心理学的，教育的利益にも焦点を当てている．前者は，セルフイメージ，自尊心，安寧の向上，ストレスの軽減などであり，後者は授業への参加と学業成績の向上，関係者との協議や問題行動の減少，ひいては飲酒や麻薬といった危険行動へのより適切な対応であり，責任感の向上である（Collingwood, 1997）．この包括的なアプローチの中で，私たちは生徒だけではなく，その親戚家族，教師，同級生グループ，コミュニケーションの手段，地域特有の価値観，そしてメディアといったものを含む環境にも着目しようとしているのである．学校のレベルでは体育の授業やその他の学科，学校の外の活動において実質的な運動時間を増加させることに注意が払われた．

11. The "Agita Galera" Day

　プログラムの目的を目に見えるものにするため，毎年大きなイベントが組まれている．"Agita Galera" または the Active Community Day と呼ばれ，約 6000 もの公立小中学校と何百もの私立学校，専門（職業）学校が参加している．このメガイベントの準備には，教師の意識を高める活動，ケーブルテレビでの会議，メディアの利用，教育システムと保健システム内のネットワーク作り，同輩グループの中でのアイディアの交流が含まれている．

　活発に市民権が行使される文化を発展させるなど，一般に体育に含まれない教育にも特別な配慮がなされている．例えば，私たちは歴史の教師には「歴史からみたスポーツ」を議論するよう，科学の教師は「身体活動による生物学的利益」を論じ，心理学の教師には「身体活動と精神的健康」の関係に着目し，芸術の教師には絵画とダンスと演劇をとりいれるよう，そして数学の教師には生徒に身体活動を評価させるように依頼した．

　Agita Galera は Agita São Paulo プログラムの中のひとつのイベントなので，日常的な身体活動を発展させる，活動的なレジャーの時間を増やす，学校内での身体活動を増やす，生徒のグループミーティングの考えを利用する，専門の図書，ビデオ施設を発達させるといった持続的な活動も奨励している．

学校は，グループディスカッション，教材，身体活動の発展，インターネット上のホームページ，テーマを掲げた旗やTシャツ作り，そして身体活動の評価を進めるためにAgita Galera Dayを利用するようアドバイスを受けている．そのイベントの日には，普段の授業の代わりに，生徒達は20〜30分の身体活動の重要性についての議論を行い，その後，近隣を歩いて隣の広場か緑地へ行き，学校周辺の地域にメッセージを広めるのである．州の600万もの生徒が参加する印象的なイベントである．

12. 学校におけるAgitaアプローチによる影響を評価する

　Agita Galeraのメディアによる影響は，28の出版物，地域の42の新聞，2つの全国的雑誌の中での発表，州の雑誌の中での8つの記事，4つの全国系列・7つの州テレビ番組でのプロモーションで明らかである．このメディアの範囲は2140万の視聴者に届くと見積もられている．この無償のAgita São Pauloの計画は州の税金およそ12,960,000USドルを節約することになる．

　Agita São PauloとAgita Galeraは理解を高めるためにレクチャーを用い，1つのレクチャーが前述したこのプログラムの主たるメッセージの理解にどの程度影響を与えるか評価した．Andrade et al.（1999）は2時間のレクチャーに参加した49人の体育の生徒（男子49人，女子19人）について調査を行った．前後2回の質問形式の調査で，回数（10.2×46.9％）と最頻値（18×33％）に関連する正解に有意な増加が見られた（$p<.05$）．

　ある私立学校で特別な多面的介入が展開され，コミュニティースクールの介入プログラムの前後1年の高校の男女生徒の身体活動のレベルを確かめた．コミュニティーとメディアの介入にはテレビやラジオの番組，新聞や雑誌でのインタビューや「地域アクティブ・デイ」（Active Community Day）といった大規模なイベントを通じて，活動的なライフスタイルの利点をメディアから伝えることも含まれていた．学校での活動には体育の授業の中で少しずつ話し合ったり，広告，ポスター，校内新聞でのインタビュー，学校のホームページのプログラムへの参加などがある．

　自己申告制の質問調査が介入の前後1年に，教育段階や年齢の近い2つの異なる男子生徒の被験者（前33，後48）と女子生徒の被験者（前47，後71）に対し

て行われた (14.04×14.62歳, 13.97×13.79歳). 活発または中程度の身体活動を行う時間が算定され, 週に150時間という値が日常的に活発であることの当初の標準とされた.

データは女子において活発な身体活動時間の有意な増加 ($p<.01$) と, 介入後の男子において傾向 ($p<.01$) が見られた. 似たような傾向が男子の中程度の身体活動において見られたが, 女子では見られなかった. この結果はメディア, コミュニティー, 学校の多面的介入アプローチが青少年の身体活動の促進に効果があることを裏付けているようであり, より包括的なアプローチが持続的な身体活動を向上させるのに重要であること示している.

13. 医学的知識の欠如した健康?

最終的な見解のひとつは健康の専門家に関係するものである. 行動をモニターする際に医師が果たす役割が重要であることはよく知られている. しかし, 彼らにそれだけの備えがなかったとしたら, 彼らはどうして活動的な生活の大切さをアドバイスすることができるであろうか. 私たちはヘルスケアプロバイダー (医師, 看護士, 歯科医師, 社会政策アシスタント) 達の知識のチェックを試みたが, その結果は非常に残念なものになってしまった. 適切な週あたりの運動の頻度や形態に関して, 彼らのうちたった7.7%しか正しく答えることができなかった. さらに身体活動の継続についての問題にいたっては1人も (0.0%) 正解できなかったのである. ヘルスケアプロバイダーのデータと一般労働者のそれと比較した場合, もっとひどい状況が見えてきた. 彼らヘルスケアプロバイダー達の得点は専門でない人たちの得点よりも悪いものだったのである (Bracco et al., 1999).

結 語

このデータから健康と活動的なライフスタイルを促進するツールとして体育の現状を変えていくのに大変な努力が必要とされる事がわかる. 体育は「スポーツ」を「健康の代替品」として利用してきた. そして, 特に競技スポーツと健康とのつながりの弱さのために (整形外科的な外傷, 長期的な継続, コスト, 社会性), 生涯継続していける身体活動に子ども, 青少年を導く最初のチャンスを逃してきた. 近年, 体育はフィットネスという要素を健康の「新しい代替品」とみなすよ

うになっている．しかし，このアプローチは商業化，整形外科的な外傷，費用の問題，商業への傾倒といった問題，そして最後に，少なからず社会参入の原理に関して不安を残している．

もうひとつの問題は私たちが体育の生理学的ジレンマと呼ぶもので，我々が強く願うのは生涯を通じた効果である一方で，体育のフィットネス，健康，福祉に及ぼす影響が一般には短期的なものでしかないことである．これをかなえる唯一の方法は，この目標を保証しうる長期的な身体活動の態度を向上させることであろう．容易なことではないが，新しい体育のためには魅力的なチャレンジである．

謝 辞

著者は Dr. José da Silva Cuedes, State Secretary for Health of São Paulo への感謝の意を表したいと思います．

●文 献

- Andersen, L. B., & Haraldsdottir, J. (1993). Tracking of cardiovascular disease risk factors including maximal oxygen uptake and physical activity from late teenage to adulthood : An 8-year follow-up study. *Journal of Internal Medicine*, 234, 309-315.
- Andrade, D. R., Matsudo, V. K. R., Brito, C. F. d'A., Figueira Jr., A., & Matsudo, S. M. M. (1997a). Weight and height influence on tracking on neuromotor variables in children and adolescents. *Medicine and Science in Sports and Exercise* 29 (5), S105.
- Andrade, D., Matsudo, S., Matsudo, V., Araújo, T., Andrade, E., Rocha, A., Andrade, R., & Rocha, J. (1997b). Physical activity patterns of adolescents from low socio-economic region. In : Welsman, J., Armstrong, N., & Kirby, B. (Eds.) : *Children and Exercise XIX Volume II, Exeter, Washington Singer Press*, 119-123.
- Andrade, D., Matsudo, S., Matsudo, V., Araújo, T., Andrade, E., Figueira Jr., A., & Oliveira, L. (1999). Impact of a single lecture on physical activity and health knowledge of physical education teachers. Medicine and Science in Sports and Exercise 31 (5), S271.
- Araújo, T., Valquer, W., Matsudo, S. & Matsudo, V. (1998). Frequência cardíaca em crianças de alto nível nível sócio-econômico. *Anais I Simpósio*

Dante Pazzanese de Cardiologia do Esporte, 44, São Paulo.
- Araújo, T., Matsudo, S., Andrade, D., Matsudo, V., Andrade, E., & Rocha, J. (1997a). Physical fitness and physical activity levels of school-children. In : Welsman, J., Armstrong, N., Kirby, B. (Eds.) : *Children and Exercise Volume II Exeter. Washington Singer Press,* 91-95.
- Araújo, T., Matsudo, V. K. R., Matsudo, S. M. M., Andrade, D. R., & Andrade, E. (1997b). Tracking of physical fitness of girls at childhood and at adolescence in south coast of Brazil. *Medicine and Science in Sports and Exercise* 29 (5), S106.
- Barker, D. J. P (1990). The fetal and infant origins of adult disease. *British Medical Journal,* 301, 1111.
- Biddle, S., Sallis, J, & Cavill, N. (1998). Young and active? Young people and health-enhancing physical activity—evidence and implications. Health Education Authority, London.
- Bracco, M., Andrade. E., Matsudo, S., Andrade, D., Araújo, T., Figueira Jr., A., Oliveira, L, & Matsudo, V. (1999). Knowledge profile and physical activity level among health care providers and workers of a non-government primary care unit. *Medicine and Science in Sports and Exercise* 31 (5), S271.
- Brito, C. F. d'A., Andrade, D. R., Rocha, J., Araújo, T. & Matsudo, V. K. R. (1997). Physical fitness stability from infancy to adolescence in Brazilian boys. *Medicine and Science in Sports and Exercise,* 29 (5), S106.
- Collingwood, T. R. (1997). Providing physical fitness programs to at-risk youth. *Quest* 49, 67-84.
- Coronary Prevention Group (1988). Children at risk : should prevention of coronary heart disease begin in childhood? London : Scientific and Medical Advisory Committee.
- Engström, L. M. (1991). Exercise adherence is sport for all from youth to adulthood. In Oja, P, & Telama, R. (Eds.) : *Sport for All,* 473-483, Amsterdam : Elsevier Science.
- Gonçalves, L. G. O., Figueira Jr., A. F., Oliva, M. J., & França, N. M. (1992). Atividade física espontânea relacionada com o nível socioeconômico (Resumo). In : Anais XVIII Simpósio Internacional de Ciências do Esporte, São Caetano do Sul, 22.
- Kelder, S. H., Perry, C. L. ; & Kleep, K. L. (1993). Community-wide youth exercise promotion : Long term outcomes of the Minnesota Heart Health

Program and the Class of 1989 study. *Journal of School Health* 63, 218-223.
- Luepker, R. V., Perry, C. L., McKinlay, S. M., Nader, P. R., Parcel, G. S., Stone, E. J., Webber, L. S., Elder J. P, Feldman, H. A., Johnson, C. C., Kelder, S. H., & Wu, M. (1996). Outcomes of a field trial to improve children's dietary patterns and physical activity : The Child and Adolescent Trial for Cardiovascular Health (CATCH). *Journal of the American Medical Association* 275, 768-776.
- Malina, R. M. (1996). Tracking of physical activity and physical fitness across the lifespan. Research Quarterly for Exercise and Sport, 67 (suppl. 3), 48-57.
- Matsudo, S., & Matsudo, V. (1997). Physical Fitness level of adolescents from high socio-economic region. In : Welsman. J., Armstrong, N & Kirby, B. (Eds.) : *Children and Exercise Volume II. Exeter, Washington Singer Press*, 49-54.
- Matsudo, S. M. M., Matsudo, V. K. R., Andrade, D. R., & Rocha, J. R. (1987). Physical fitness and time spent watching TV in children from low socio-economic region. *Medicine and Science in Sports and Exercise* 29 (5), S237.
- Matsudo, V. K. R., Matsudo, S., & Araújo, T. (1996). Relationship between physical fitness level at puberty and at young adult life. *Medicine and Science in Sports and Exercise*, 28 (5), S23.
- Matsudo, V. K. R. (1997a). Physical Activity : Passport for Health. *World Health Report*, 3 (May-June), 16-17.
- Matsudo, V. K. R., Matsudo. S. M. M., Andrade, E. L., & Araújo, T. L. (1997b). Central and peripheral tracking in girls from a low socio-economic region. *Medicine and Science in Sports and Exercise*, 29 (5), S105.
- Matsudo, V. K. R., Andrade, E., Andrade. D., Araújo, T., & Matsudo, S. (1997c). Tracking is best at the extremities. *International Journal of Sports Medicine* 18, S253.
- Matsudo, V., Matsudo, S., Andrade. E., Andrade, D, Araújo, T, Rocha, A., Andrade, R & Rocha, R. (1997d). Physical activity levels in children from low socio-economic region. In : Welsman. J., Armstrong, N., Kirby, B. (Eds.) : *Children and Exercise, Volume II, Exeter : Washington Singer Press*, 113-123.
- Matsudo, V., Matsudo, S., Andrade, D., Andrade, E., Araújo, E., Figueira

Jr, A., & Oliveira, L. C. (1998). Program of physical activity promotion in a mega-community in Brazil. *Medicine and Science in Sports and Exercise* 30 (5), S202.
- Matsudo, V., Andrade, D., Matsudo, S., Araújo, T., Andrade, E., Figueira Jr., A., & Oliveira, L. (1999). Impact of a community-school intervention program on physical activity behavior of male and female adolescents. *Medicine and Science in Sports and Exercise* 31 (5), S272.
- Paschoal, V., Andrade, D., Matsudo, S., Bracco, M., & Araújo, T. (1996). Nutrition knowledge and physical activity in Ilhabela (Brazil) and in the United States. In : *Physical activity, sport and health* ; *The 1996 International pre-Olympic Conference*, Dallas, 103.
- Pate, R. R., Pratt, M., Blair, S. N., Haskell, W. L., Macera, C. A., Bouchard, C., Buchner, D., Ettinger, W., Heaath, G. W., King, A. C., Kriska, A., Leon, A. S., Marcus. B. H., Morris, J., Paffenbarger, R. S., Patrick, K., Pollock, M. L., Rippe, J. M., Sallis, J., & Wilmore, J. H. (1995). Physical activity and public health : A recommendation from the Centers for Disease Control and Prevention and the American College of Sports *Medicine. Journal of the American Medical Association* 273, 402-407.
- Peruse, L., Tremblay, A., Leblanc, C., & Bouchard, C. (1989). Genetic and environmental influences on level of habitual physical activity and exercise participation. *American Journal of Epidemiology* 129, 1012-1022.
- Raitakari, O. T., Porkka, K. V. K., Taimela, S., Telama, R., Räsänen, L., & Vikari, J. S. A. (1994). Effects of persistent physical activity and inactivity on coronary risk factors in children and young adults. *American Journal of Epidemiology* 140, 195-205.
- Riddoch, C. (1998). Relationship between physical activity and physical health in young people. In : Biddle. S., Sallis, J. & Cavill, N. (Eds.) Young and active? Health Education Authority, London.
- Rowland, T. W. (1998). The biological basis of physical activity. *Medicine and Science in Sports and Exercise* 30 (3), 392-399.
- Sallis, J. F., McKenzie, T. L., Alcaraz, J. E., Kolody, B., Faucette, N. & Hovell, M. F. (1997). Effects of a two-year health-related physical education program on physical activity and fitness in elementary school students : SPARK. *American Journal of Public Health* 87, 1328-1334.
- Sallis, J. F., & Owen, N. (1999). *Physical activity and behavioral medicine.* Sage, Thousand Oaks.

- Sallis, J. F., Alcaraz, J. E., McKenzie, T. L., Hovell, M. F., Kolody, B., & Nader, P. R. (1992). Parent behavior in relation to physical activity and fitness in 9-year-olds. *American Journal of Diseases of Children* 146, 1383-1388.
- Stone, E. J., McKenzie, T. L., Welk, G., & Booth, M. L. (1998). Effects of physical activity interventions in youth : review and synthesis. *American Journal of Preventive Medicine* 15 (4), 298-315.
- Strong, W. B., Deckelbaum, R. J., Gidding, S. S., Kavey, R.-E. W., Washington, R., Wilmore, J. H., & Perry, C. L. (1992), Integrated cardiovascular health promotion in childhood. *Circulation* 85 (4), 1638-1650.
- Telama, R., Laakso, L., & Yang, X. (1994). Physical activity and participation in sports of young people in Finland. *Scandinavian Journal of Medicine and Science in Sports* 4, 65-74.
- U. S. Department of Health and Human Services. (1996). Physical activity and health : A report of the Surgeon General Atlanta, GA : Centers for Disease Control.
- Van Mechelen, W. W., & Kemper, H. C. G, (1995). Habitual physical activity in longitudinal perspective. In : Kemper, H. C. G. (Ed.) The Amsterdan Growth Study : *A longitudinal analysis of health, fitness, and lifestyle,* 135-158).
- Vanreusel, B., Renson, R., Beunen, G., Claessens, A. L., Lefevre, J., Lysens, R., Maes, H., Simins, J., & Vande Eynden, B. (1993a). Adherence to sport from youth to adulthood : A longitudinal study on socialization. In : Duquet, W., De Knop, P., & Bollaert. L. (Eds.) : *Youth sport : A social approach* Brussels : Vrije University Brussel Press. pp 99-109.
- Vanreusel, B., Renson, R., Beunen, G., Claessens. A. L., Lefevre, J., Lysens, R., Maes, H, Simons, J., & Vande Eyden, B. (1993b). Involvement in physical activity from youth to adulthood : A longitudinal analysis. In Claessens, A., Lefevre, J., & Vanden Eynde, B. (Eds) : *Word-wide variation to physical fitness,* Leuven : Institute of Physical Education, Katholieke Universiteit Leuven. 187-195.
- World Health Organization (1990). Prevention in childhood of adult cardiovascular diseases : time for action. Geneva : World Health Organization.

7 体育の経済的根拠

Bruce Kidd

University of Toronto, Canada

1989年の国連総会で宣言されて以降,「子どもの権利条約 (the Convention on the Rights of the Child)」は,歴史上,最も広く批准された人権に関する条約となった.その条項には,すべての子ども達が以下の権利を持つと記されている.
1. 健康および医療サービスや基礎的および予防的な医療をとおして,可能な限り高い水準の健康を有する権利
2. 子どもの精神的および身体的能力を最大限,開発するための無償そして必修の初等教育を受ける権利
3. 子ども達が遊びやレクリエーションに参加することを可能にする休息と自由時間 (rest and leisure) を有する権利

10年目の節目を迎えたその条約は,我々に子どもの権利の実現に向けた進歩を評価し,未来への重要な方向性を確認するよう求めている.

その条約の主旨に沿えば,新たな千年の主要な目標の1つは,体育とその体育が導き,奨励する学校を基盤とした身体活動プログラムの復活と再活性化である.本当の民主主義や人間の自由の実現に,その復活と再活性化よりも貢献するものはないということを著者は知っている.たしかに,貧困やホームレス,身体的,精神的,性的な虐待,戦争の根絶といった他の取り組みが,子どもの健康や良好な状態を確保するために必要ではあるが,体育は必要不可欠のものである.この目標を達成することは簡単ではない.理念の違いを問わず,様々な政府によるニューリベラルの財政政策の時代は,スポーツや体育のプログラムを維持するための公的機関の能力を大幅に減じてきた.カリキュラム上,より多くの時間を他の教科に提供する変更や,学校の校庭の切り売りは,その目標の達成をますます

難しくしている．グローバリゼーションが進行しているにもかかわらず，社会の最も恵まれた人々の間で，すべての人々に機会を提供する万人向けのプログラムへの反感が強くなってしまったようだ．開発途上の世界や開発機関の多くにおいても，経済的および社会的な発展に，体育とスポーツが果たしうる貢献を認めない傾向がある．

どうすれば我々は，すべての子ども達に対する身体活動や体育の重要性を他の人々にわかってもらえるのだろうか．

条約，すなわち調印国に対して法律上拘束力のある責務を引き合いに出すことと，我々の主張を述べることが，我々の目標を達成するのに十分であるといえればいいのだが．つい最近，「我々は，多大な努力，困難，苦痛を伴い子ども達を育てるが，誰一人としてそれを「投資」として行う人はいない」と嘆いていた Landsberg 氏（Landsberg, M., 1999, October 16）の心情に著者は共感した．ほとんどの政府が直面している財政的な困難と現在のイデオロギーの状況を考慮すれば，我々は政策立案者に，体育を怠ることは，それを提供することよりもコストがかかること，そして，体育がもたらす肯定的な利益を追求しないことは愚かであることを示していかなければいけない．

著者は，子ども達の体育と身体活動の経済的重要性について，3つの論証を行う．第1に著者は身体的健康の成果，コスト，そして利益を検討する．第2に，子ども達の総合的な発達と健康において重要な要素となる体育と身体活動の役割を検討する．最後に，政府や投資家が求めている安全で健康的な地域や都市をつくるうえで，身体活動とレクリエーションが発揮する重要な役割について検討する．

著者は，経済学者ではなく，歴史家として教育を受けた者である．著者が行う論証は（主に北米の）他の研究者の研究をレビューしたものから導かれている．彼らの結論は，著者の経験や観察と深く共鳴するものであった．しかしながら，著者の大学において，著者の暮らす都市や国において，2つのオリンピック招致の過程において，体育に対する公的な擁護を行っていくうちに，皮肉屋や懐疑的な人々を変えるためには，体育の経済的利益についての強い主張が必要であることがわかった．

著者は身体活動が成人における疾病の予防や管理に果たしている肯定的な役割

がよく報告されていることを示すことから始めるべきだろう．米国公衆衛生局の報告書は，身体活動が，一般に早死に，とりわけ心臓脈管系疾患，高血圧，大腸癌，真性糖尿病のリスクを減じていると結論している（United States, 1996）．定期的な身体活動は，筋肉，骨格，関節を強化し，精神的健康や労働生産性の改善に貢献する．経済的利益は大きなものとなる．身体活動の不活発な状態を減じていくことは，タバコ消費を減じていくことよりも，一層，大きな効果がある．（重度のアルコール消費を減じていくことよりも小さな効果ではあるが．）オンタリオの研究は，活発になった不活発な人は，1986年の米ドル為替相場で1人当たり364ドルの直接的保健医療費を減じると推計した（Stains, Prince and Oliver, 1995）．その研究は，参加率における25％の増加（定期的に運動に参加している人口を33％とした出発点から）は，毎年，7億7800万ドル（1995年の米ドル）の保健医療費を削減するということ，そして1～3％あるいは投資額1ドルあたり2～5ドルの誘導的生産効果を得ることを発見した．年間，5億8700万ドルの節減と大幅な生産性を得ることに対して，身体活動を増加させる直接的な費用は1億9100万ドルにしかならない．他の国々の研究は，同様のことを発見してきた．1988年，オーストラリアの研究者は，活発な人々の10％の増加は，心臓病に関するものだけで1億400万ドルの保健医療費を削減するとした（Department of the Arts, Sport and the Environment, Tourism and Territories）．身体活動における投資は，相当な利益を産み出すことは明らかである．

　しかしながら，子どもについては，研究が（大人を対象としたものと）同様の明白な結論を出していない．問題は，不活発な子ども達は，子どもの時には，これらの疾病に罹っていないということである．成人期におけるこれら疾病の発生は，児童期の活動パターンと結論的に関連づいてないのである（Malira, 1994a；Bar-Or, 1994）．さらには，成人期に我々が観察するところの運動による肯定的な生理学的変化を，児童期において記録したり分析したりすることは難しい．なぜならば，子ども達や若者らは，絶え間ない成長期にあるからである．通常，子ども達の身体活動に関する研究は，児童期における彼らの健康状態や適応状態ではなく，彼らの将来の健康状態という文脈のなかで検討される（Malina, 1994b）．経済的な根拠を説明するためには，児童期における身体活動が成人期の彼らの健康にどのように影響するかについてを問題にする必要があるが，体育教師としては，

児童期に子どもが基本的に最も興味を持つものを行うよう努力しなければならない．

1．好ましくない健康状態となることを避けること

　子ども達にとって，日常的で適切な身体活動は，不活発なライフスタイルによる好ましくない結果を避ける点で重要な役割を果たす．とりわけ，虚血性心疾患や高血圧において，これらの疾患は児童期および青年期にその起源を持つという確証がある．最も懸念されることは，増加しつつある児童期および青年期における肥満の出現率である．肥満であっても，健康であることは可能であるが，不活発なライフスタイルは肥満の問題に大きく貢献する．不活発なことが肥満につながるのか，その逆の関係があるのかについてはさておき，これらの2つの危険因子は，組み合わさって，子ども達の健康に対する強力な脅威を生み出している．児童期の肥満と成人期の健康に関する研究は，あらゆる原因の死亡率と虚血性心疾患による死亡率のいずれもが，児童期における過体重との関係がかなり強いことを示している（Must & Strauss, 1999）．児童期において，増加しつつある高い肥満出現率は，これらの原因による早死にが将来的に増えることを示唆している．肥満は，インスリン非依存型糖尿病，高血圧症，高脂血症，虚血性心疾患，いくつかの癌の罹患率が増加しつつあることに関連している（Shetty & Tedstone, 1997）．「低下しつつある運動レベルは，間接的には，増加しつつある肥満をとおして，直接的には一つの独立した危険因子として，我々の慢性的疾病の負荷を拡大していく可能性を持っているのである．」(Bar-Or, 1994)．

　肥満は急速に世界的な公衆衛生上の問題となってきている．ある研究は，世界中で1億人の人々が肥満であることを示唆している（Shetty & Tedstone, 1977）．北米では，肥満は，児童期における最も一般的な代謝異常であり，子ども達が直面している最も差し迫った栄養上の問題の1つとなっている（Must & Strauss, 1999）．北米における5歳から8歳の子どもの40%は，肥満あるいは境界線型肥満として分類されている．この驚くべき傾向は，他の非伝染性慢性病の増加に貢献し，医療費の増加という問題を生み出している．アトランタ疾病予防管理センターは，米国における1兆ドルの医療費の6.8%が肥満に関連した疾病によって引き起こされているとしている（Hudson, 1999）．

子ども達の身体活動は，肥満の治療においてきわめて重要な役割を発揮する．しかしながら，肥満の「治療」は，その効果に疑問を持たれるものである．成功率はせいぜい中程度である．世界保健機構専門委員会は，その1995年の報告書のなかで，肥満治療において落とした体重を維持することは難しく，肥満治療の長期にわたる健康上の利益は不確実であるという見解を示した．青年期へ肥満を持ち越すほど，その肥満はより深刻なものになる，すなわち，その肥満が青年期から成人期へ，そして成人期をとおして，維持されていく傾向がより大きくなることも報告されている．そのため第一次予防が肥満の最重要な課題となるのである．子ども達の身体的に活発なライフスタイルは，増加しつつある成人期の虚血性心疾患や他の疾患の発生率に関係のある肥満の予防，管理，そして治療をとおして，間接的に保健医療費を減じることができる．

2. 好ましいことを実現すること

　活発な身体活動の健康上の恩恵を受け続けるためには，少年および少女は生涯にわたり身体的に活動的であり続ける必要がある．残念ながら身体的に活発な児童期と成人期の活発なライフスタイルとの関係を示す結論的な確証はない (Trudeau et. al., 2000)．この不確実性が悩みの種である．これは研究が不十分であるからかもしれない．そのテーマは，これまで研究者の興味の中心とはなってこなかった．研究者のほとんどが児童期から青年期への，あるいは青年期から児童期への，参加率の追跡をしている．しかし，児童期から青年期を経た成人期への追跡がないのである．さらなる追跡は，児童期の身体活動形態と活動的なライフスタイルのより結論的な関係を明らかにするかもしれない．その一方で，その関係を説明できるものは，体育の本質とその質的水準のなかにあるかもしれない．その体育とは我々が今日，知っている体育である．文献は，学校体育，課外や地域のプログラムをとおしての競技的スポーツの普及は，多くの子ども達にとって，「うんざりさせるもの」となっているかもしれないことを示唆している．確かに，競技的スポーツは，「勝つ」ことや達成感を味わう機会よりも，「失敗する」「足手まといになる」あるいは「負ける」ことの機会の方が圧倒的に多いのである．そのアンバランスは，現実として，競技的スポーツで活発であった経験や競技的スポーツそのものの経験よりも，競技的スポーツそのものを優先したことの産物か

もしれない．この仮説は，不活発な子ども達は成人期に活発になりにくいことを示した研究によって支持されている（Armstrong & Welsman, 1997）．それは，児童期の経験が1つの因子となるかもしれないという考えを支持するものである．我々が，体育や，スポーツを含む身体活動をとおして，好ましく勇気づけられた経験を持った子どもを育てることができるように，機会の広がりと質的水準を改善することを求める必要がある．

　もし，それを成し遂げることができれば，紹介することが可能な多くの利益が生まれる．子ども達は，しばしば，国家の最も大きな「資源」としてみられている．近年，子ども達の発達についての関心は，社会的および政策的な範囲に移ってきている．カナダにおいて，連邦および郡，地域の政府によって宣言された「カナダ子ども宣言」は，1つの国家として，我々は，健康な，すなわち精神的にも身体的にも健康で，安全で安定した，学業に適応した，そして社会参加をする責任を持った子ども達を，熱望するとした（Canada, 1999）．米国では，経済開発委員会が，子ども達の基本的なニーズを満たすことに対する費用対効果を示すことによって，家族と子ども達へ新たなより強い取り組みを求めた（Steinhauer, 1996）．北米全体で，「健康な子ども達，健康な国家」というスローガンのもと，先住民の人々は，若者に対するプログラムを強化する彼らの努力を新たなものにした．このように，地域の子ども達への好ましくない働きかけは，その地域の経済に対する好ましくない成果となって反映されるということが認知されるようになった．

　どうすれば体育と身体活動が果たすかけがえのない役割を示すことができるであろうか．もし，我々が政治に影響を与えなければならないならば，体育と健康増進の関係を測り，査定するための信頼できる尺度を開発しなければならない．

　これについての見込みのある取り組みの1つは，「Voices for Children」という支援集団とともに研究したオンタリオの研究者たちが開発した「よい地域指標（Well-Street Index）」である．経済の状態を測定するために用いられた多くの指標を運用した「よい地域指標」は，12の信頼性の高い統計的指標から構成されている．それらの指標を合成して，どの程度うまく，あるいはどの程度まずく，子どもや青少年が行動しているかを示すものである（Voices for Children, 1999）．その指標とは，

- 未熟児の割合

- 新生児死亡率
- 助成金を受ける託児施設（subsidised day care）のウェイティングリスト
- 幼稚園に通い始めた時点で学習できる状態になっていない子どもの割合
- 精神的疾患と10代の自殺の発生率
- 10代の出産率
- 高校退学率
- 10代と20代前半の若者の失業率
- 有罪と宣告された10代と20代前半の若者の数
- 10代と若者の間の危険行動の割合
- 児童虐待の立証された申し立ての発生率
- 子どもの貧困率

　著者は，先進国であっても，発展途上国であっても，身体活動が上の指標の多くに貢献できることを示すことができると信じている．

（a）身体的に健康であること

　子ども達の日常的な身体活動は，その身体的な発達に対しても重要な役割を果たしている．身体活動が成長のパターンを変えうることを示す証拠はないが（Malina, 1994b），身体活動は，まさに好ましく成長の「質」に影響を与えている．運動は，ミルクよりも骨の成長にとってより重要であること，そしてとりわけ女子において，思春期における身体活動は後の生活における骨粗鬆症のリスクを低減することを示唆する確証がある（Belfry, 1999）．ここまでに示されたように，身体的に活発な子どもは，不活発な子どもに比べて，体脂肪が少ない．それゆえ，体育は健康な身体活動に必要な技術や能力の開発にとても重要となる．適切な技術を開発することは，スポーツや競争的な形態でない身体活動を，年齢に応じて，楽しむ，あるいは再開する，続けていく人々にとって1つの重要な要素となる．基本的な技術の欠如は，しばしば，参加への大きな障害となる．これらの技術をすべての子ども達に提供するために，汎用性の高い体育が必要なのである．

（b）学ぶことにおいて成功していること

　体育教師は，長い間，体育が学業成績を向上させることを示そうとしてきた．我々は，精神と身体の関係の重要性や健康な精神に対する健康な身体の重要性について理解している．しかしながら，これらの関係に対する研究は乏しく，方法

論的な問題についてはかなりの論議が存在している．しかしながら，入手可能な研究からは，我々は以下のことを自信を持って主張できる．小学校段階で増加しつつある体育に用いられる時間は，学業成績に有害な影響をもたらすことはいっさいなく，数学のようないくつかの科目におけるその向上に，有意な関係を持っている（Saillis, et. al., 1999）．高校段階においては，「教育的に設定された」競技への参加は，勉学への取り組みを強化している．学生競技者の学業成績は，非競技者に比べて，等しいかあるいはより優れている．そして，一般には，競技への参加は勉学への取り組みを高めている（Kerr, 1996）．さらに重要なことは，競技参加と強化された学業成績との関係は，社会的に不利な立場にある集団に属する学生にとってさらに強くなっているということである（Kerr, 1996）．これらの多面的な経験の過程において，何が起こっているのかを理解することが重要である．小学校段階および中学校段階での競技参加は，学生を「より賢く」していないかもしれないが，たとえば，それは学習や課題遂行において，より強く動機づいている，より系統立っている，より効率的であるといった点で，彼らをより「生産的」にしている．経済学的な視点からは，生産的な学生は，より生産的な大人になる傾向があるということである．

（c）社会的に従事し，責任を持っていること

　体育と身体活動に参加することに関係する社会的な利益は，また，それらの重要性を正当化する．多くの人がスポーツと市民権の格言を揶揄し，前の世代の社会科学者は体育を「社会的統制」の手段として位置づけたが，今日の研究は，しばしば主張される利益を確認した．それは危険因子を持った若者（youth at risk）において，特に顕著である．身体活動に参加した子ども達と若者は，「逸脱的」社会行動に従事する傾向が弱い．スポーツ競技経験のある男子学生は，明らかに警察沙汰になることが少ない．スポーツ競技に参加することにより，喫煙，薬物乱用，望まない妊娠，非行，退学の発生率がより低くなっている（Kerr, 1996）．また，身体活動とレクリエーションプログラムは，重要なリーダーシップの機会を提供し，共同体と所属の意識を創り出すことに貢献している．

（d）精神的に健康であること

　身体活動に参加することは，心理学的な健康や発達にも肯定的な影響を与えている．レクリエーションへの参加と定期的な身体活動は，児童期における自尊心

と自己概念を改善し，また，抑鬱症状，ストレス，不安を低減することに貢献する（McKay et. al., 1996）。我々は精神的健康への貢献を少なく見積もるべきではない。アメリカの学校期における精神障害の出現率は10〜20%である(Rowland, 1990)。オンタリオ児童保健調査は，オンタリオの児童期と青年期の子ども達の18%が少なくても1つの診断可能な精神障害を持っていることを発見した(Steinhauer, 1990)。児童期と青年期における情緒障害は，成人期の生活における重大な精神的疾患の予兆となりうるのである（Rowland, 1990）。定期的な身体活動とレクリエーションは，「一般の」人々の心理学的な健康に中程度の効果を持ち，心理学的な健康の危険因子を持っている人々へは有益な効果を持っている（Goldberg, 1995）。

あいにく，多くの子ども達は，身体活動の利益を享受していない。カナダでは，子どもや若者の1/3しか，健康や発達に最適のエネルギー消費をしていない（Voices for Children, 1999）。我々が経済的根拠を完全に計量することができる前に，どのように体育が「よい地域指標」の統計的指標を高めることができるかを示すために，効果的な参加率を高めるための戦略を持つ必要がある．

3．安全な地域，安全な都市

我々が子ども達の身体活動やレクリエーションの経済的な根拠を与えることのできる3つ目の方法は，その地域や都市への影響をとおしてのものである．安全で健康な都市をつくることは，経済的に重要な関心事である．すなわちそれは，投資，熟練したやる気のある労働力の保持，観光産業にとってきわめて重要となるのである．他の利益の多くが関係している子ども達の調和のとれた発達は，必要不可欠のものである．トロントにおける現在の犯罪および安全統計は，犯罪率全体が増加しているのと同じく若者の犯罪者が増えていること，そしてより多くの若者が犯罪者として訴追されていることを示している．同時に，子ども達と若者は，犯罪者よりもむしろ，被害者となる可能性がより大きいのである（Tronto, 1998）．結果として，安全な地域をつくることは，若者の犯罪者を減らすだけでなく，若者の被害者を減らしているのである．それは体育の必須のものであるスポーツとレクリエーションプログラム，施設は，地域の再開発や再生の重要な要素となる．そのようなプログラムは，人道主義的および社会的な技術を学ぶことに対

して重要な機会を提供し，地域の結びつきや所属意識を強くする．野外レクリエーションのプロジェクトは，低コストで健康的なレクリエーションの機会をすべての市民に提供する重要な手段となる．地域の再生や開発のプロジェクトは，人々に連帯をもたらす．強い共同体の意識を持った隣人関係は，犯罪を減少させるのである．

　スポーツやレクリエーションへの子どもの参加について最も強力な予測因子は収入である（Offord, Litman & Duke, 1998）．あらゆる種類の活動への参加率は，収入の増加に伴って高くなるのである．しかしながら，よい隣人関係や優れた公園の存在が，子ども達の参加率に対する障壁を低減することができる．子ども達が彼らの発達に利益となる活動に従事するとき，大きな地域においても，文化・芸術の破壊やいたずら，軽犯罪，そして他の良くない行為が，結果的に減少する（Norrie & Mustard, 1999）．子ども達への良質なレジャーサービスの提供は，社会的負担を大きくしてしまう好ましくない社会行動を防いでいる（Parks & Recreation Federation of Ontario, 1992）．早期の積極的介入の費用対効果は英国における研究に報告されている．早期の積極的介入で，実際の犯罪（227名の若者）の1/4を減じただけでも，20年間の節約分は，およそ1,850万ドルになるであろうと著者らは試算している（Badgely & Pritchard, 1998）．適切に実行されたレクリエーションと身体活動のプログラムは，前向きな生活技術を教え，勉学への意欲を高め，暴力や攻撃的態度を減じ，身体的および精神的な健康を改善するだけでなく，成人の公的な組織と非行しがちな若者の間のギャップを埋めるのである．このことは，先進国と同様，発展途上国においてもあてはまることである．例えば，啓蒙的なマイソア・ユース・スポーツ連盟（Mysore Youth Sport Federation）は好例であり，スポーツに夢中になっているナイロビのスラム街の若者が，成人の教養キャンペーンや環境美化，地域の安全に，日々，大いに貢献しているのである．

　著者は，そのような貢献の経済価値を示すことはしなかった．その計算は，社会的な同意を得るために，多くの疑義が生じてしまうからである．しかし，ここで2つの指標を提供しよう．地域の破壊は，75％まで資産価値を減ずることができる．ニューリベラルの財政政策の1つの遺産は，今では，歴史上すべての時期を通して最も強力で，拡大しすぎた安全保障，警察装置である．カナダでは，刑事裁判システムの直接的な費用は，ほぼ100億ドルになっている．すべての子ど

も達へ身体活動やレクリエーションサービスを提供するために必要な低額の費用は，地域の価値を高める結果によって，また，警察費用や削減された犯罪からの節約分によって，容易に元が取れるのである．

　まとめとして，体育が我々すべてをスポーツや身体活動の消費者にできるのであれば，それは経済に貢献するといえる．1998年，カナダ統計局は，スポーツと身体活動の経済効果は，89億ドル，あるいはカナダの国内総生産の1.1%であると試算した．スポーツと身体活動のセクションは，262,325の職，すなわちカナダのすべての職業の2%を創り出している（Canada, 1998）．

4．提　案

　以上のことから，どうすればよいのか．著者は，体育にとって有力な経済的な根拠を示すために，有効情報を提供したい．「よい地域指標」のような測定において，特にその分析が示唆する節約分や利益を精査し，測定するための，さらなる研究が必要なことは確かである．これが著者の第1の提案である．

　経済的な根拠の最も重要な側面は，「すべての」子ども達への体育や活動の適切な機会を提供する必要性を強調することにある．身体活動の利益は，低所得で危険因子を持った子ども達，すなわちいかなるタイプの活動にも参加する傾向が最も弱い子ども達に対して最も顕著になる．よい隣人関係，強い地域意識，優れた公園やレクリエーション施設は，それらの環境への負の影響を容易に補うことができる．また，身体活動への参加は，危険因子を持った子どもや若者を，より学校で過ごさせるようにさせ，彼らの勉学への意欲を高める．しかし，これらの利益は，すべての子ども達にとって入手可能なものでなければならない．

　すべての子ども達に，体育と身体活動への公平な接近を保証するために，とらなければならない2つの重要な段階がある．

　1つ目は，そしてこれは最も重要なことであるが，学校をとおして，適切妥当な体育や身体活動の機会を提供することである．学校は子どもの権利条約で定義された権利を提供する最適な状況であるだけではない．学校には，最も多くの子ども達に手を差しのべることができる，既存の道筋がある．その構造と施設は，すでに適切な位置にある．学校を基盤とした活動の重要性は，低く見積もられてはならない．世界保健機構による国際的な研究は，学校以外で運動する頻度が週に

1回未満である子ども達の割合が，劇的に増加していることを示している（King & Coles, 1992）．ほとんどの年齢で，退学が増加している．そして，女子生徒の方が，学校以外で運動する頻度が週に1回未満である傾向がみられている．それゆえ，我々は小学校段階において良質の体育の授業を毎日（Quality Daily Physical Education, QDPE）提供できるよう努力しなくてはならないのだ．健全なQDPEプログラムは，すべての子ども達への開かれた学内的な身体的レクリエーションの機会によってさらにいいものにされる必要がある．このことは，体育教師への多大な負荷と映る，あるいは，一般的な人々が想定する範囲を超えていると映るかもしれないが，地域はこれらのプログラムをやりくりすることをとおして，創造的になることができるのである．学校と地域組織との共同的な営みが実施される．地域で，父兄のあいだで，あるいは高校でボランティアが募集される．カナダでは，カナダ学内レクリエーション協会（Canadian Intramural Recreation Association）が，6年生の生徒がそれより下の学年の子ども達のために学内行事を運営するように訓練されている学校へ，プログラムを提供している．このプログラムは，多くの学校で成功裏に用いられている．ほかの国々からも同様の例がある．

　高校段階では，体育の授業は，必修にならなければいけない．教員と生徒は，他の学科に優るとも劣らない重要な科目として体育を理解することを学ぶ必要がある．校内競技やクラブを含んだ強力な正課併行プログラム（co-curricular programs）が，確立されなければならない．すべての子ども達に開かれたそのような機会は，競技力の高い学校運動部よりも，より高い優先順位におかれなければならない．学校スポーツチームは，優れた体育プログラムの最終的な層となるべきである．学校は，教科外の活動への関わりに基づいて評価されることはまれであるが，オンタリオの学校に関する研究は，学校の評価や格付けに用いられる指標（に関する論議，訳者注）はともかくとして，トップにランキングされるすべての学校が，優れた教科外プログラムを持っていることを明らかにした（King & Peart, 1990）．正課併行活動は，学校における学問的そして行動的な成功を強化するのである．

　小学校段階および中学校段階における学校体育への取り組みの見直しは，いまだ十分なものではない．我々は研究から，多くの現行のプログラムは生徒のニーズを満たしていないこと，それゆえ，多くの生徒が退学したり，身体活動のプロ

グラムに参加しなかったりしているということを承知している．体育の伝統的なモデルが，生徒の広範囲にわたるニーズに訴えていないのである．プログラムおよび体育の経験の質も，問題にしなければならない．競争的なスポーツの過度な強調は，すべての子ども達への適切な，あるいは妥当な機会を提供していない．集中的なフィットネステストやトレーニングもしかりである（そうした機会を提供していない，訳者注）．子ども達に対して，良質の体育，学内プログラムあるいはスポーツプログラムを提供することは簡単な課題ではない．年齢や性，エスニシティー，社会経済的状況そして過去の経験から，子ども達一人一人が固有のニーズを持っている．もし，我々が子ども達に，身体的に活発なライフスタイルがもたらす多くの好ましい利益を享受してほしいと願うならば，これらのニーズを満たす必要がある．

学校体育プログラムのもう1つの重要な要素は，リーダーシップを育てる機会の提供にある．このことは，小学校段階と中学校段階の両方においてなされる．我々は，子ども達のより大きな基礎を育てなければならない．それは，10代として，あるいは大人として，スポーツや地域レクリエーションに専門的に，あるいはボランティアとして，喜んで参加することができる子ども達の基礎である．

2番目の述べられなければならない重要な領域は，地域レクリエーションである．学校体育について言及されたすべての要因が，ここでも同じく重要なものとなる．地域レクリエーションは，すべての子ども達に入手可能で安価なものでなければならない．そのプログラムは，内容が豊かで，子ども達の発達を促す上で適切なものでなければならない．プログラム場面以外の生活を，とりわけ危険因子を持った人々の生活を豊かにしないプログラムは，意味がないのである．他人に対する敵意を強調するプログラムは，逸脱行動の減少にはつながらない．事実，逸脱行動を増加させている(Coakley, 1998)．すべての子ども達や若者に向けたプログラムは，脅威となるものではなく，競争よりも参加を強調するものであるべきである．

学校と地域のプログラムは，以下の3つにむけて努力する必要がある．
　1．生徒・参加者の成功感を高めるように．生徒一人一人のニーズの多様性のために，これは難しい課題であるが，授業やプログラムは，可能な限り多くの生徒に対して，その発達をふまえて適切であるよう構成される

必要がある．
2．子どもや若者を意志決定に関わらせるように．多くの成功的なプログラムは，専門家の助けをうけながらも，若者に主導権をとらせている．体育の観点からは，生徒にとって意味のあるカリキュラムは，生徒とともに開発されなければいけない．
3．信頼を創りあげ，教員と生徒との関係に配慮するように．このことは，都市部および潜在的に危険な状態にある地域において極めて重要である．エニス（Ennis, 1999）によれば，「教員が信頼を築き，生徒との関係に配慮するまでは，都会の学校の革新的なプログラムも成功には至らないことを示す，カリキュラム革新と変革に関する十分な証拠がある．」のである．

結局，我々は子どもの権利条約に宣言された体育の道徳的および法律的な根拠を主張する必要がある．次の1000年は，我々に希望と明るい見通しをもって未来を見ることを奨励している．我々は，子ども達の身体的に活発な健康と豊かさに大きく貢献をすることなしに，子ども達にとって世界をよりよいものにするという我々の責務を果たすことは出来ないのである．我々は権利条約における責務を我々のリーダーに守らせなければならない．

これらが提案であるとすれば，その提案が受け入れられるための戦略，そしてその提案を実行するための戦略とは，何であろうか．著者は，2つの示唆でこの講演を終えようと思う．
1．子どもの権利条約に署名した政府のある国々では，体育とスポーツについて述べている条項の実施を主張していくべきである．国連は，すべての調印国に応諾に従って，定期的に報告書を作成するように求めている．それは，その条約に従わない政府に，取り組みを要請するための法的な基礎を提供する．カナダでは，これを確実に実施するために広い連合体が結成されている（Canadian Coalition for the Rights of Children, 1999）．あいにく，まだ，誰も，身体活動やスポーツへの子どもの権利を行使するために，この方法を取っていない．
2．我々は，オリンピック招致の条件として，IOCに，体育とスポーツ・フォー・オールへの模範となる方法を示すことを求めるよう請願するべ

きである．体育とスポーツ・フォー・オールへの模範的なプログラムを示さなければ，いずれの地域もオリンピックの開催地として考慮しないということを，IOC が世界に告げるよう，我々が求めていくのである．オリンピックの再建という雰囲気，すなわちオリンピックのリーダーが，その関与を見直しているなかで，これを要求することはそう大きな要求ではない．

謝　辞

著者は，研究助手の Martaret Ptolemy 氏と，有益な示唆をくれた Elio Antunes 氏，Peter Donnelly 氏，Ann Peel 氏，Judy Sutcliffe 氏に感謝の意を表します．

●文　献

- Armstrong, N., and Welsman, J. (1997). *Young people and physical activity.* Great Britain：Oxford University Press.
- Bagley, C. and Pritchard, C. (1998). The billion dollar cost of troubled youth：Prospects for costeffective prevention and treatment. *International Journal of Adolescence and Youth,* 7, 211-225.
- Bar-Or, O. (1994). Childhood and adolescent physical activity and fitness and adult risk profile. In：Bouchard, C., Shephard, R. and Stephen, T. (Eds.), *Physical activity, fitness and health*：*International proceedings and consensus statement.* Champaign, IL：Human Kinetics.
- Belfry, J. (n. d.). Canadian children face activity and fitness crisis. Cited by Voices for Children. http//www.voices4children.org.
- Canada. (1998). *Sport in Canada*：*Everybody's Business.* Sub-Committee on the Study of Sport in Canada, Parliamentary Standing Committee on Canadian Heritage. Ottawa：Public Works and Government Services.
- Canada. (1999). *A National Children's Agenda*：*Supplementary.*
- CAHPERD and AAHPERD. (1995). *A global vision for school physical education.* http：//www.activeliving.ca/cahperd, and http：//www.aapherd.org.
- Canadian Coalition for the Rights of Children. (1999). *How Does Canada Measure Up?* Ottawa：Canadian Coalition for the Rights of Children.
- Canadian Public Health Association (1996). A national vision and goals for child and youth health in Canada. http：//www.cpha.ca.

- Coakley, J. J. (1998). *Sport in society : Issues and controversies* (6th Ed.) New York : McGraw-Hill.
- Ennis, C. (1999). Communicating the value of active, healthy lifestyles to urban students. *Quest,* 51, 164-169.
- Fishburne, G. J. and Harper, D. A. (1992). An analysis of the typical elementary school timetable : a concern for health and fitness. In : Williams, T. J. (Ed.) *Sport and physical activity.*
- Goldberg, B. (1995). *Sports and exercise for children with chronic health conditions.* Champaign, IL : Human Kinetics.
- Hudson, M. (1999, October 27). "Americans getting fatter, study finds." *Toronto Star.*
- Kerr, G. (1996). The role of sport in preparing youth for adulthood. In : Galway, B. and Hudson, J. (Eds.), *Youth in transition : Perspectives on research and policy.* Toronto : Thompson Educational Publishing Inc.
- King, A. J. C. and Coles, B. (1992). *The health of Canada's youth.* Canada : Minister of Supply and Services.
- King, A. J. C., and Peart, M. J. (1990). *The good school : Strategies for making secondary schools effective.* Ontario : Ontario Secondary School Teachers' Federation.
- Landsberg, M. (1999, October 16). "Child policy doubletalk won't help kids." *Toronto Star.*
- Luepker, R. V. (1999). How physically active are American children and what can we do about it? *International Journal of Obesity,* 23 (Supplement #2). S12-S18.
- Malina, R. M. (1994a). Physical activity : Relationship to growth, maturation and physical fitness. In : Bouchard, C., Shephard, R. and Stephen, T. (Eds.), *Physical activity, fitness and health : International proceedings and consensus statement.* Champaign, IL : Human Kinetics.
- Malina, R. M. (1994b). Benefits of activity from a lifetime perspective. In : Quinney, H. A., Gauvin, L. and Wall, A. E. T. (Eds.), *Toward Active Living : Proceedings of the International conference on physical activity, fitness, and health.* Champaign, IL : Human Kinetics.
- McKay, S. L., Reid, I. S., Tremblay, M. S., and Pelletier, R. (1996). The impact of recreation on youth in transition to adulthood : A focus on youth-at-risk. In : Galway, B. and Hudson, J. (Eds.), *Youth in transition : Perspectives on research and policy.* Toronto : Thompson Educa-

tional Publishing Inc.
- Morrow, J. R., and Blair, S. N. (1999). Promoting the Surgeon General's Report on physical activity and health. *Quest,* 51, 178-183.
- Must, A., and Strauss, R. S. (1999). Risks and consequences of chiidhood and adolescent obesity. *International Journal of Obesity, 23 (Supplement # 2),* 2-11.
- Norrie, Hon. M. and Mustard, J. F. (1999). *Early Years Study : Final report.* The Canadian Institute for Advanced Research.
- Offord, D. R., Lipman, E., and Duku, E. K. (1998). Which children don't participate in sports, the arts, and community programs. Workshop paper for "Investing in Children : A National Research Conference, 1998."
- Parks and Recreation Federation of Ontario. (1992). *The benefits of parks and recreation : A catalogue.* Ontario : Ministry of Tourism and Recreation.
- Rowland, T. W. (1990). *Exercise and chidren's health.* Champaign, IL : Human Kinetics.
- Sallis, J. F., McKenzie, T. L., Kolody, B., Lewis, M., Marshall, S., and Rosengard, P. (1999). Effects of health-related physical education on academic achievement : Project SPARK. *Research Quarterly for Exercise and Sport,* 70 (2), 127-134.
- Shetty, P. S., and Tedstone, A. E. (1997). The problem of obesity worldwide. In : Shetty, P. S. and McPherson, K. (Eds.), *Diet, nutrition, and chronic disease : Lessons from contrasting worlds.* Great Britain : John Wiley and Sons, Ltd.
- Steinhauer, P. D. (1996). The primary needs of children : A blueprint for effective health promotion at the community level. Working paper for the promotion/prevention task force, Sparrow Lake Alliance.
- Toronto. (1999). Task Force on Community Safety. *A community safety strategy for the city of Toronto. Toronto :* Ontario.
- Trudeau, F, Espindola, R., Laurencelle, L., Dulac, F., Rajic, M., and Shephard, R. J. (2000). Follow-up of participants in the Trois Rivières Growth and Development Study : Examining their health-related fitness and risk factors as adults. *Human Biology,* 12, 207-213.
- United Nations (1989). *The Convention on the Rights of the Child,*
- United States, Department of Health and Human Services (1996). *Physical activity and health : a report of the Surgeon General.* Atlanta : Centre for

Disease Control and Prevention.
- Voices for Children (1999). The "Well-Street Index" or why improving the future of Ontario's children is such a good investment. http://www.voices4children.org.

8 青少年の身体活動に必要な栄養

Clyde Williams

Sports Science, Loughborough University, England

緒言

　子どもから大人になる過程はダイナミックでしかも身体的，知的および情緒的に急速に発達する時期である．この時期には生涯を通じて維持されてゆく価値観や習慣が形成される．青少年が健康な生活習慣を獲得してゆく過程においては両親や教師からの影響を特に強く受けるので，彼等が栄養学の正しい知識や身体活動についての価値観を会得できるように導いてゆくべきである．

　自明なことであるが，我々の体は身体的に活動的であるよう作られている．したがって，身体活動が不足している場合には，健康を保ち生活の質を維持するために注意深い配慮が必要となってくる．我々の先祖は食物を探すことや環境や食肉獣から身をまもるために常に活動しなければならない狩猟採取生活を営んでいたので，生き延びるためには身体的に活発であるという選択肢しかなかった．その時代においては日常の身体活動のもっとも強い動機は空腹感であり，毎日食物を探さなければならなかったので，長距離を歩行したり，またある時には疾走する必要があった．

　かつて我々の先祖の時代においては日常の身体活動と生存とが密接な関係を持っていたが，機械化が進んだ社会に生活している現在の我々において，もはやそのような関係は失われてしまった．それにも関わらず，我々の身体は低強度運動を長時間続けたり，疾走を短時間する潜在的能力を現在も持っている．今日の我々は膨大な量の身体活動を毎日行わなくても生存してゆけるが，食物が手許に有ればつい手を伸ばしてしまう質があり，食欲を制御できるまでには我々の理性は進化を遂げていない．今日においても我々は原始的な欲望を持っており，飢饉

は現実的な意味を持たなくなったにもかかわらず，沢山の食物を目の当たりにするとつい食べ過ぎてしまうほどの食欲を感じる．

　身体活動と食物摂取との密接なバランスが失われるとエネルギー摂取過多となり，更に肥満やそれに伴って生じる数々の健康上の問題を引き起こす．若年者と中高年の肥満は 21 世紀初頭において我々が直面している主な健康上の問題の 1 つである．栄養学の知識を身につけると共に運動を行う事はこの問題を解決するための中心的な役割を担っている（Blair & Bouchard, 1999）．この解説は身体活動を行う青少年に必要な栄養についての知識を示すことを目指してなされたものである．

1. 食事摂取

　若い人にとってまず必要なのは日常のエネルギー消費を補うためのバランスの取れた食事である．先進国においてはエネルギー摂取量の 50％を炭水化物から，約 12～15％をタンパク質として，そして残りを脂肪から摂取するよう指導されている．脂肪は主に不飽和脂肪酸，特に多くの多価不飽和脂肪酸を含む脂肪から摂取するべきである．低脂肪食が推奨されているが，炭水化物やタンパク質のような他の三大栄養素がそうであるように，適度な脂肪摂取が健康維持のために必要であることを忘れてはならない．

　これらの指針は成人と同時に青少年にも妥当なものである．また，両親や教師は青少年が多くの食材から適切な食品を選択できるよう指導すべきである．青少年が限られた種類の食品のみを摂取している場合には栄養失調を防ぐために多様な食品を摂取するよう指導してゆくことが必要である．また，1 つの食品を個別に取り上げてその善し悪しを論ずるのは不適切であり，食生活全般が適切であるかどうかを議論するべきであるので，「ジャンクフードを食べてはいけない」という指示は適切とは考えられない．運動量の多い青少年は，ファーストフードを注意深く避ける必要はない．ファーストフードはマスメディアでの評判が悪いようだが，青少年の膨大なエネルギー消費量を補う役目は果たし得る．健康で発育期にある者はエネルギー消費量に見合うだけのエネルギーを摂取すべき，つまりエネルギーバランスを保つ必要がある．

エネルギーバランスは，その摂取と消費の単純な関係として下式によって示される．

エネルギー摂取＝エネルギー消費＋エネルギー貯蓄

エネルギー消費は単に運動している骨格筋によって消費されたエネルギーのみではなく，心臓の収縮や呼吸機能など体の機能に必要なすべてのエネルギー消費から構成されている．運動をしていない時も基礎代謝率（BMR）あるいは安静時代謝（RMR）と呼ばれる一定量の代謝が行われている．1日のエネルギー摂取量のほぼ10％は食物の消化と吸収のためのエネルギーコストとして消費されている．基礎代謝量は1日のエネルギー消費量の65～75％であり，これはエネルギー消費量の最も大きな割合を占めている（Van Zant, 1992）．

安静時代謝の大部分は主に筋組織からなる除脂肪組織において消費されている．骨格筋量の増大に伴って基礎代謝率が増大するのはそのためである．若い男女（10～18歳）の基礎代謝率は体重（W, kg）から下記の式に従って推定できる．

男性の基礎代謝率（kcal/day）：17.5W＋651
女性の基礎代謝率（kcal/day）：12.2W＋746

男性の1日当たりのエネルギー消費量の平均は基礎代謝率の1.7倍，女性では1.65倍に相当する．身体活動の持続時間とそれぞれの活動時のエネルギー消費が基礎代謝率の何倍に相当するかという数値から1日の総エネルギー消費量を推定することができる．例えば，10.5歳から17.5歳の少年少女の1日当たりのエネルギー消費量がこの方法で計算されている（Fallowfield & Williams, 1993）．この報告においては基礎代謝率を体重から推定し，各種身体活動の運動強度（基礎代謝率の何倍に相当するかという単位で表す）と持続時間からエネルギー消費量が計算されている．これによると，学校で過ごしている時間のエネルギー消費量(4～6時間，基礎代謝率の1.6倍)，軽活動(4～7時間，基礎代謝率の1.6倍)，中等度の運動（2.5時間，基礎代謝率の2.5倍），短時間の高強度運動（0.5時間，基礎代謝率の7.0倍）そして成長に必要なエネルギー（10～14歳では体重1kg当たり1.9kcal，15歳では体重1kg当たり0.95kcal，16～18歳では体重1kg当たり0.48kcal）などを基にそれが推定されている．

表 8.1 少年のエネルギー消費量(Followfield & Williams, 1993：FAO/WHO/UNU, 1985)

年齢	10.5	11.5	12.5	13.5	14.5	15.5	16.5	17.5
エネルギー消費量（kcal/day）	2140	2240	2314	2445	2595	2692	2801	2867
エネルギー消費量（kcal/kg BW/day）	66.5	60.6	56.6	52.0	49.3	47.0	44.7	44.1

表 8.2 少女のエネルギー消費量(Followfield & Williams, 1993：FAO/WHO/UNU, 1985)

年齢	10.5	11.5	12.5	13.5	14.5	15.5	16.5	17.5
エネルギー消費量（kcal/day）	1910	1982	2054	2117	2158	2140	2133	2142
エネルギー消費量（kcal/kg BW/day）	56.7	51.2	46.7	43.4	42.0	40.4	39.5	39.4

表 8.3 若い競泳選手のエネルギー摂取量と三大栄養素摂取量（Berning et al., 1991）

	男性（22名）	女性（21名）
エネルギー摂取量（kcal）	5222±152	3573±147
エネルギー摂取量（kcal/kg）	67.6	61.4
タンパク質摂取量（g）	165.5±5.0	107.3±4.4
（総エネルギーに対する%）	12.6	12.0
（g/kg）	2.14	1.84
炭水化物摂取量（g）	595.9±21.2	428.0±24.0
（総エネルギーに対する%）	45.6	47.9
（g/kg）	7.71	7.35
脂肪摂取量（g）	248.4±9.9	164.4±6.9
（総エネルギーに対する%）	42.8	41.4
（g/kg）	3.21	2.82

平均±標準偏差で表示．

　女性については，学校で過ごしている間のエネルギー消費量(4〜6時間，BMRの1.5倍)，軽活動（4〜7時間，BMRの1.5倍），中等度の運動（2.5時間，BMRの2.2倍），短時間の高強度運動（0.5時間，BMRの6.0倍）そして成長に必要なエネルギー（10〜14歳では体重1kg当たり1.9kcal，15歳では体重1kg当たり0.95kcal，16〜18歳では体重1kg当たり0.48kcal）などを基に推定されている．これらに基づいて計算されたエネルギー消費量が表8.1と8.2にまとめられている．

　毎日規則的に体力トレーニングを行っている者ではエネルギー消費量は更に

12〜15％高いかも知れない(Thompson, 1998)．しかし，競泳種目など激しい競技のトレーニングをしている青少年では同年齢でトレーニングをしていない者のエネルギー摂取よりも50％程高くなると思われる(表8.3を参照)．青少年の中には活動量を増やした場合にも特にエネルギー摂取を増やさずにすませることができる者がいるようだ．体力トレーニングや競技における運動量を増やした時に，運動時間以外のエネルギー消費量を低下させることで運動量の増加に伴うエネルギー消費量が補われていることがよくある．

　成人においては，体重の増減はエネルギー出納が正か負かということの指標と考えられる．体重増加は食事摂取量の増大か日頃の運動量の減少を意味しており，過剰エネルギーは主に体脂肪として貯えられる．体重の増加は青少年においても正のエネルギー出納を意味するが，それは主に成長に伴う除脂肪体重の増大で，単に体脂肪量の増大というわけではない．体重や体脂肪についての意識過剰はその後の生涯において食行動異常につながる心理的な基盤を作ってしまう可能性があるので，活動的な青少年のエネルギー出納を評価する場合には特に配慮が必要とされる（Sundgot-Borgen and Bahr, 1998）．体操競技のように細身であることが競技に有利に働くと考えられている場合には節食を奨励しがちであり，このような傾向はバレー・ダンサーのように表現芸術の演技者においても起こり得る．

　食事量の減少は基礎代謝率の低下を伴うので飢餓や減量のための食事制限が続くと体重減少速度が鈍ってくる．また若い女性バレー・ダンサーにおける著しい基礎代謝率の低下は月経異常を引き起こす（Myburgh et al., 1999）．更に，月経異常は骨密度の低下（Wolman et al., 1992）や疲労骨折の危険を増大させる．身体活動量の低下は骨格筋量の低下を伴い，基礎代謝率の低下を引き起こす．

2. 三大栄養素

1. 炭水化物

　エネルギーは体内に炭水化物や脂肪として貯えられている．炭水化物はグルコースの重合体であるグリコーゲンとして筋肉や肝臓に貯えられている．肝臓グリコーゲンの主な役割は血中にグルコースを供給して脳を初めとした中枢神経系のエネルギー源とすることである．血中のグルコースは，骨格筋によっても利用

され，筋グリコーゲンの分解によるエネルギー産生を補う役割も果たしている．グルコースは全身に約12gしかないのに対して，グリコーゲンの総量はおよそ450gにも達する．もし，血中のグルコースのみをエネルギー源とした場合には30分で枯渇してしまうが，グリコーゲン貯蔵量は安静時代謝を18時間も維持できる程の量である(Frayn, 1996)．グリコーゲン1gは体内では約3gの水分とともに貯えられているので，高炭水化物摂取による貯蔵グリコーゲンの増大は体重増加を伴う．

強度の高い運動の持続時に骨格筋のグリコーゲン貯蔵量が低下すると疲労してくる．グリコーゲンは活動筋へのエネルギー源として役割を果たしているが，その貯蔵量には限度があるので，活動量の多い者は高炭水化物食を摂るべきである．どのくらいの量の炭水化物を摂取すべきかについては，毎日どれだけの激しい運動をおこなっているのかによって決まる．例えば，長時間に渡る激しい運動の後には，エネルギー摂取量の60～70%を炭水化物から摂取することで24時間以内にグリコーゲン貯蔵量が回復できる (Sherman et al., 1981)．しかし，より厳密な処方では，運動後の回復期に炭水化物を体重1kg当たり9～10gまで摂取すべきであるとされている．この方法により，長距離走者(Fallowfield & Williams, 1993)やサッカー選手（Nicholas et al., 1997)が疲労困憊まで走った翌日に持久走能力が回復した．疲労困憊に至る程の激しい運動でなければ，体重1kg当たり6gの炭水化物の摂取で回復できる．

青少年競技者においては炭水化物摂取量を総エネルギー摂取量の60～70%にすべきであるとされているが，これは毎日激しいトレーニングをしている者にのみあてはまるものと考えられる．このような高い比率で炭水化物からのエネルギー摂取を行わなくても，エネルギー摂取量を単に増やすことによって十分な炭水化物の摂取量を確保できる．例えばある報告では，競泳選手の炭水化物摂取量は競技者が摂取するべきであるとされている摂取比率（60%）を下回っていた．しかし，炭水化物の絶対量，つまり体重当たり何グラムの炭水化物を摂取しているか（男性では体重1kg当たり7.7g，女性では7.4gの炭水化物摂取が必要）を考慮することの方が大切である．このような考えは，青少年の競泳選手のタンパク質摂取についてもあてはまる．

2. 脂　肪

　脂肪は体内のエネルギー貯蔵の主な形態である．筋グリコーゲンはエネルギー産生にとって必須であるが，体脂肪に貯えられているエネルギー量の2％にしか相当しない．脂肪は体内に広く分布する脂肪細胞に貯えられている．体内には脂肪が15kg程度貯えられており，それを唯一のエネルギー源とした場合でも約50日間も生き延びることができる程豊富な量となる．しかし，脂肪は炭水化物なしにはエネルギー源としてうまく利用されないので，炭水化物の貯蔵量が一定レベルを下回った時には脂肪の利用によるエネルギー産生率が低下し，疲労状態となる．

　脂肪細胞から放出された脂肪酸は，血漿タンパクであるアルブミンに緩く結合して骨格筋まで輸送される．脂肪酸からのエネルギー産生は骨格筋のミトコンドリア内での酸化によっている．したがって，骨格筋の酸化能力が高いほど脂肪の代謝量が多くなる．長時間の低強度運動（有気的運動）中には脂肪酸の酸化は総エネルギー産生量の50％を占める．持久性トレーニングによって高強度運動中においても多くのエネルギー産生を脂肪の代謝から供給できるようになり，貯蔵量に限度がある筋グリコーゲンの節約をする（Henriksson & Hickner, 1998）．

　脂肪組織の成長は生後の6ヵ月間で起こり，その後成人になるまでゆっくりと続き，8〜9歳の少女は少年に比べて貯蔵脂肪が多い．青春期以降には男子の除脂肪体重，つまり筋量が多くなり，男子の体脂肪率は女子に比べて低くなる（Malina & Bouchard, 1988）．脂肪細胞は体内のエネルギー貯蔵の主な場であり，脂肪がここに一旦貯蔵された後はこれを一気に取り去ることは困難である．長期間の食事制限や絶食をもってしても脂肪細胞のエネルギー含量が減少するだけで，脂肪細胞数の減少はない．体内に脂肪を十分に貯えることは食糧不足に備えて我々が生き延びるための重要な戦略の1つであった．しかし，ほとんどの先進国においては過剰な脂肪蓄積は多様な疾患，とりわけ冠動脈性心臓病との関連から問題視されている．身体には体脂肪を貯えてゆこうとする強い欲求があるが，先進国の殆どの人にとっては大量の体脂肪を貯えることが役に立つ機会はもうほとんど無い．貯蔵脂肪の量に応じて脂肪組織からはレプチンというホルモンが分泌され，その信号は血流に乗って脳に送られている（Auwerx & Staels, 1998）．脳にはレプチンの受容体があり，この仕組みにより脳は体内の貯蔵脂肪量をモニターしてい

る．貯蔵脂肪量が減少すると脳は様々な仕組みを介して食欲を刺激する．これらには視覚，嗅覚あるいは食物の味などの魅力がより強くなってくるという仕組みも含まれている．

　我々は脂肪の過剰摂取を防ぐ生理学的な仕組みを持ち合わせていないが，どうやら炭水化物の過剰摂取を防ぐある仕組みは持っているようだ．炭水化物食は脂肪に比べて体積が大きいので，脂肪食にくらべてより早い時期に満腹感をもたらすようである．我々が脂肪をついつい食べ過ぎてしまう現象は「受動的な過食」と呼ばれている（Prentice, 1998）．

3. タンパク質

　年齢に関わらず，多くのタンパク質を摂取すべきであると競技者は信じているようである．彼等はこれによって筋力やパワーの増大が促されると信じているが，しかし，タンパク質の栄養についての研究は，筋力系の競技者においてもタンパク質の摂取量は 1 日体重 1kg 当たり 2g で十分であることを示している．また，身体的に活発な殆どの人にとっては 1.2〜1.7g/kg/日で十分である（Lemon & Proctor, 1991）．脂肪や炭水化物の過剰摂取がそれらの体内貯蔵量を増やした場合とは異なり，必要以上のタンパク質の摂取が体タンパク量の増大をもたらすことはない．過剰なタンパク質は体外に排泄されるか，あるいは特殊な状況下ではエネルギー源として使われてしまう．一般の健常人のタンパク質必要量は体重 1kg 当り 1 日に 0.8g とされているが，先進国に住む殆どの人々はこの必要量を遥かに超えたタンパク質を摂取している．例えば，ある研究においては栄養摂取が十分である子どもと不十分である子どもの体格や体力を比較しているが，栄養摂取が不十分な群においても 1 日のタンパク質摂取量は少年で 1.63g/kg，少女で 1.35g/kg であり，このタンパク質摂取量は身体的に活発な人々のタンパク質所要量と一致した数値であった（Raczynski et al., 1998）．

4. ビタミンとミネラル

　バランスの取れた食事は若年あるいは中高年に関わらず，健常者に必要なすべてのビタミンとミネラルを含んでいる．しかしながら，子どもと青年期の者においては鉄分とカルシウムの摂取量が不足する心配がある．これらの 2 種類のミネ

ラルが不足する理由は、食事にカルシウムを多く含んだ乳製品（牛乳とチーズ）あるいは鉄分が豊富な赤肉，魚肉および鶏肉のような食品が不十分であるからである．野菜と穀類に含まれる非ヘム鉄は肉類に含まれているヘム鉄のようによく吸収されるわけではない．したがって，菜食主義者は鉄分摂取量が必要量を満たすよう特に工夫する必要がある．非ヘム鉄の吸収を改善する1つの方法としては食事の時にお茶やコーヒーではなくビタミンC飲料を摂るとよい．お茶やコーヒーのタンニンは鉄分と結合してその吸収を抑制してしまう．もう1つの方法は，鉄分を添加したシリアルなどの食品を摂取することである．菜食主義を守っている場合でも，注意深く食事のメニューを考えることで3大栄養素およびビタミンとミネラルの必要量を食事から摂取することは可能で，そのようにすれば，通常の食事を摂っている者に比べても菜食主義者の身体活動量が少なくなってしまうことはない（Nathan et al., 1994, Sabate et al.., 1991）．しかしながら，動物性食品を全く口にしない厳密な菜食主義者などはカルシウムとビタミンB12の摂取については特別な注意を払う必要がある．

　明らかに摂取が不足している場合にのみ，鉄分などのミネラルをサプリメントとして補給することが運動能力を向上させる（Haymes, 1991）．一般的に青少年の食事について考える場合には，ビタミンやミネラルをサプリメントとして補給することでより良い食生活が保証されるという考えは好ましいものではなく，十分なサプリメントを用いれば食事そのものは（栄養学的に）粗末であっても差し支えないという考えを植え付けることは良くない．このような考えは，身体作業能力を高める効果があるとされているサプリメントの摂取に頼って競技能力を改善することに邁進することにつながってしまうからである．

5. 水分補給

　脱水を予防するための水分補給は青少年からは無視されがちである．咽の乾きに応じて水分補給をしていればよいと考えているだけではしばしば脱水症状を引き起こしてしまう．子どもの体重当たりの体表面積は成人に比較して大きく，また代謝率も高い．子どもは成人より発汗量が少ないものの，脱水症状に陥り心循環器系による体温調節システムの乱れによる悪影響を受けやすい．脱水症状は運動中の身体の深部体温の急速な上昇を引き起こし，疲労に早く達してしまう．こ

れは特に，高温環境下での運動に慣れていない人にあてはまりやすい．したがって，水分補給は運動中の脱水を最小限にするよう行われるべきである．青少年であれば運動前に 120～250mL の水分を補給し，15～20 分おきに 120mL の補給をするよう指示すべきである．運動後の水分補給は，運動中に失われた水分量に 50% を加えた量を補給する必要がある．例えば，運動後に体重が 2kg 減少した場合には，運動後の数時間の水分摂取量は 2L ではなく 3L とすべきである (Maughan et al., 1997)．効果的な水分補給としては，ナトリウムを添加し，また少し味があって飲み易いものが良い (Meyer & Bar-Or, 1994)．運動後の水分再補給としては良く考えられて調整されている「スポーツドリンク」がただの水よりも効果的であることが示されている (Gonzalez-Alonso et al., 1992)．

要 約

まず最初に，また最も大切なこととして，多くの食品からなる食事を十分に摂取して毎日のエネルギー消費量を補うよう青少年を指導してゆくべきである．一般的には，運動後に体内のグリコーゲンを再補充するために炭水化物を豊富に含んでいる食事を摂るよう注意を促すべきである．グリコーゲンの再合成速度は運動直後に速くなるので，この時期に炭水化物を含んだ食事や飲料を摂取すべきである．長時間に渡る高強度運動の直後およびその後の食事までの時間には 2 時間毎に約 50g の炭水化物を摂取すべきである．この時に摂取する炭水化物は固形あるいは液体どちらでもよい．この摂取方法は筋グリコーゲンの合成速度が高い時期を利用した方法である．

特に，咽の乾きのみでいつどれだけの水分を補給するかを決めている大変活発な青少年には毎日の水分補給についても教育すべきである．毎日の水分補給は約 2L で，さらに 1 時間の運動毎に 1L を加算するのが良い．水分の再補給は運動直後から開始し，運動中に失われた量の 50% 増しの量を補給量とするべきである．

最後に，良い食事習慣と運動習慣を若い時期に身につけさせる事ができれば，運動は生活を楽しくするものとなり決して重荷や義務ではなくなる．これは我々が親あるいは教師として直面している大切な課題である．

● **文　献**

- Auwerx, J. & Staels, B. (1998). *Lancet,* 351, 737-739.
- Berning, J., Troup, J., Van Handel, P., Daniels, J. & Daniels, N. (1991). *International Journal of Sport Nutrition,* 1, 240-248.
- Blair, N. & Bouchard, C. (1999). *Medicine Science, Sports and Exercise,* 31 (supplement), S497.
- Fallowfield, J. & Williams, C. (1993). *International Journal of Sport Nutrition,* 3, 150-164.
- FAO/WHO/UNU. (1985). World Health Organization, Geneva.
- Frayn, K. (1996). *Metabolic Regulation : A Human Perspective,* London : Portland Press.
- Gonzalez-Alonso, J., Heaps, C. L. & Coyle, E. F. (1992). *International Journal of Sports Medicine,* 13, 399-406.
- Haymes, E, (1991). *International Journal of Sport Nutrition,* 1, 146-169.
- Henriksson, J. & Hickner, R. (1998), In : Harries, M., Williams, C., Stanish, W. & Micheli, L. (Eds.) : *Oxford Textbook of Sports Medicine* Oxford : Oxford University Press, 45-69.
- Lemon, P. & Proctor, D. (1991). *Sports Medicine,* 12, 313-325.
- Malina, R. & Bouchard, C. (1988). In : Bouchard, C. & Johnson, F. (Eds.) : *Fat Distribution during Growth and Later Health Outcomes.* New York : Alan R. Liss, 63-84.
- Maughan, R., Leiper, J. & Shirreffs, S. (1997). *British Journal of Sports Medicine,* 31, 175-182.
- Meyer, F. & Bar-Or, O. (1994). Fluid and electrolyte loss during exercise : the paediatric angle. *Sports Medicine,* 18 : 4-9.
- Myburgh, K., Berman, C., Novick, I., Noakes, T. & Lambert, E. (1999). *International Journal of Sport Nutrition,* 9, 285-294.
- Nathan, I., Hackett, A. & Kirby, S. (1994). *Food Science and Technology Today,* 8, 13-15.
- Nicholas, C., Green, P., Hawkins, R. & Williams, C. (1997). *International Journal of Sport Nutrition,* 7, 251-260.
- Prentice, A. (1998). *American Journal of clinical Nutrition,* 67 (suppl.), 535-541.
- Raczynski, G., Czeczelewski, J., Sklad, M. & Stupnicki, R. (1998). *International Journal of Sport Nutrition,* 8, 388-400.
- Sabate, J., Lindsted, K., Harris, R. & Sanchez, A. (1991). *European*

Journal of Clinical Nutrition, 45, 51-58.
- Sherrnan, W., Costill, D., Fink, W. & Miller, J. (1981). *International Journal of Sports Medicine,* 2, 114-118.
- Sundgot-Borgen, J. & Bahr, R. (1998). In : Harries, M., Williams, C., Stanish, W. & Micheli, L. (Eds.) : *Oxford Textbook of Sports Medicine,* Oxford : Oxford University Press, 139-152.
- Thompson, J. (1998). *International Journal of Sport Nutrition,* 8, 160-174.
- Van Zant, R. (1992). *International Journal of Sport Nutrition,* 2, 1-19.
- Wolman, R., Clarke, R, McNally, E., Harries, M. & Reeves, J. (1992). *Journal of Bone Mineral Research,* 17, 415-423.

付　録

付録1

ベルリンアジェンダ
―政府大臣に対する行動を求めて―

　世界体育サミットは，生涯にわたる過程としての体育の重要性に対する認識を一層強化するものである．児童の権利に関する条約に述べられているように，体育は，特に，すべての子どもにとって重要な意義を持つ．あらゆる子ども達は，(1) 最高の健康，(2) 心身の発達に必要な無償の初等段階の義務教育，(3) 休息とレジャー，プレイとレクリエーションに対する権利を有している．

ベルリンアジェンダは，体育，スポーツ担当大臣ならびに政府に対して，次の行動を求めるものである．

- すべての子どもの人間としての権利としての体育に関する政策を実施に移す．
- 良質の体育は，良質の教師とカリキュラム上の時間保障によって可能になることを認識する．両者は，用具といった他の資源が不足している場合であっても，提供可能である．
- 教育者を育成するために初任者教育並びに現職教師教育に投資する．
- 良質の体育授業の効果を高めるための研究を支援する．
- 体育が教育の範疇に含められるように，財政的基盤を備えた国際的な研究機関と共同する．
- 身体の健康，全面的な発達ならびに安全で，支援的なコミュニティの形成に対して体育が発揮し得る重要な役割を認識する．
- 体育の実施方法が誤っていると，その実施に必要な費用以上に，ヘルスケアに費用がかかることを認識する．

なぜ，このような行動が必要なのか．良質の体育の授業とは，次のようなものである．

- 能力，性，年齢，文化，種族，民族，宗教あるいは社会的な背景の違いに関わりなく，すべての子ども達に生涯にわたり身体活動ならびにスポーツを行っていくために必要な技能，態度，価値観，知識ならびに理解を提供する，最も効果的で包括的な手段である．
- 心，身体ならびに精神の調和のとれた発達を促す．
- 主として身体，身体活動ならびに身体の発達，健康に焦点化した唯一の教科である．
- 子ども達が，健康な発達と成人になってからの健康な生活スタイルの基礎を築くために不可欠な，身体活動のパターンや関心を発達させる．
- 自分自身ならびに他人の双方の身体に対する尊敬の念を子ども達に培う．
- 健康増進に際して身体活動が担う役割に対する理解を促す．
- 子ども達の自信や自導心を培う．
- 子ども達が競争，勝敗，共同へと対応できるように準備させることにより，社会性を発達させる．
- 拡大する労働市場であるスポーツ，身体活動，レクリエーションならびにレジャーの領域で将来働いていくために必要な技能や知識を保障する．

ベルリン．1999 年 11 月 5 日．

付録2 第3回体育・スポーツ担当大臣等国際会議 (MINEPS III, Punta del Este, Nov. 30-Dec. 3, 1999) のために ICSSPE が作成した1999年ベルリン世界体育サミット (Berlin, Nov. 3-5, 1999) の報告と提言書

緒 言

　政府代表，政府間および非政府組織 (NGO) そして研究機関からの代表として，80カ国からの250人を越える代表者がベルリン体育サミットに参加した．この会議はユネスコと IOC の共催，そして WHO の協賛のもとで開催された．

　サミットの参加者そして ICSSPE を代表して，私はこの報告書を MINEPS III での討論に参加している教育やスポーツに責任ある大臣に送りたい．この報告書は世界体育サミットで展開されたキーノートレクチャーや集団討議の成果ならびに最新の研究を収録したものである．

　ICSSPE の活動は，多様性に富んだ学問分野の関心と国際的な会員組織の興味を反映したものである．今日まで，ICSSPE の世界ネットワークを形成している国際的，地域的，国内的あるいは地方会員は200の政府および非政府組織に及んでいる．ICSSPE はユネスコとの公式的な協力関係のある非政府組織である．

　ICSSPE 内にある国際スポーツ教育学委員会 ICSP (International Committee of Sport Pedagogy) は体育に関して共通の関心を持つ次の5つの国際的な委員会とリンクしている．すなわち，AIESEP (Association Internationale des Ecoles Supérieures d'Education Physique)，FIEP (Fédération Internationale d'Education Physique)，IAPESGW (International Association of Physical Education and Sport for Girls and Women)，IFAPA (International Federation Adapted Physical Activity)，ISCPES (International Society for Comparative Physical Education and Sport) である．ICSP は体育に関する世界体育サミットの発展に中心的な役割を果たした．この計画の背景には，次の意図がある．

・体育の積極的な便益に関する意識を高める
・世界的な規模で体育が危機的な状況にあることを大衆，メディア，政府そ

して民間・私的なセクターの関係者に啓発する．
・組織や機関に対して彼らが手がけている活動を発表する場を提供する．
・共同が必要な領域を明確にする
・現存する研究や宣言書などを収集し，編集する
・行動・実践のネットワークと共同計画を強化する．

　我々は大臣や関係官僚たちと共同する機会を歓迎するし，一緒に仕事をすることを通して，世界中の多くの子ども達に体育の便益や楽しみを広げることができることを望んでいる．

ICSSPE 会長
Prof. Dr. Gudrun Doll-Tepper

1．挑戦

　身体運動の価値に関して明確な科学的根拠が膨大に提示されているにもかかわらず，そして，1978年のユネスコ憲章において体育が基本的な人権であると明記されている事実にも関わらず，体育は世界の全ての地域において危機的な状況にある．いくつかの国家において，政府は体育をカリキュラムから削除したり，もしくは時間数を削減させている．

　「体育は90年代においては優先度の高いものではなかった．それは厳しい攻撃にさらされ，学校カリキュラムの中で時間争奪の厳しい競争に直面している．しばしば，体育は体育の教育方法に全く不案内な一般の教師によって教えられることがある．加えて，財政的な削減が，質の高い体育プログラムを教えるために必要な時間や資源の確保に悪影響を与えてきている．」（Mo Mackendrick, President of the Canadian Association for Health, Physical Education（CAHPERD）1996）

　問題の広がりを明らかにするために，ICSSPE 主導のもとで学校における体育の現状に関する，全世界をカバーする検査（監査）（広範囲な文献調査を含む）が実施された．また IOC によってそれへの資金援助がなされた．ICSP は現在の課題を明らかにし，その解決に必要な情報を提供するための調査実施に際して中心的役割を果たした．

　マンチェスター大学の Dr. Ken Hardman は世界体育サミットでその調査結果

を発表した．調査の結果は，地理的・社会経済的な状態に関係なく，世界中で体育が極めて深刻な状況にあることを示している．そこでは体育が直面し，解決が求められている挑戦課題として次の5項目があげられている．
- 体育に関する法的な要件
- 教科としての体育
- カリキュラム上の時間配分
- 教員養成
- 資源

2．体育の現状および法的位置づけに関する国際調査結果

1）体育に関する法律的な要件

調査対象となった126カ国の92%において，体育は法律的に義務づけられているが，ほとんどの国で法律的な要件を満たした実践がなされていない．世界的に見ると体育の30%は他の教科に時間を譲っている．

- カナダのある地区では，97.8%の学校が体育に割り振られた時間を正しく配分していない．
- アフリカのある国では，体育は義務づけられていない．ある教師は体育を全く教えていないし，誰もそれをかまわないようだ．（体育の教授）
- また他のアフリカの国では，体育が必修教科にもかかわらず，ほとんどの学校は体育を行っていない．（体育の教授）

2）教科としての地位

世界の多くの地域で，体育は非生産的で，アカデミックな教科に比べて将来の成功に重要な意味を持たない教育活動であるとみなされている．体育は「カリキュラム上」低く位置づけられている．86%を越える国の回答者が，体育は法的には他の教科と同等の位置を占めていると回答しているが，これは実状とは合っていない．

- オセアニアのある国では，教師は「体育のイメージは，学校の管理に努力しているというもので，そして他の教員には時間割に入れるだけの価値のない周辺的な教科とみなされている」と表明している．
- あるラテンアメリカの国では，体育の講師は「国家は体育をほとんど重視していない．また教科への時間配分を減らすことによって，また，施設を供給しないことによってその重要度を低下させ続けている．」
- ヨーロッパのある国では，「体育の位置づけは……重要な問題である．その法的な地位は，体育に対する低い時間配分によって明らかであるが，これは国家の教育政策によって生み出されている．現場での実践上の地位は他の教科よりも低い．」

3）カリキュラム上の時間配分

ほとんどのカリキュラムでは9歳から14歳までの年齢層に体育の時間が振り分けられている．年齢が上がるにしたがって時間数は減少し，特に上級学校においては，体育は選択教科かあるいは時間割から完全に抹消されるかである．

- 推計活動レベルは児童期から青年期前期の間は増加し，青年期にはいるにしたがって減少する．
- あるヨーロッパの国では1998年から1999年において，読み書きそろばんの学習のために50万時間の体育授業時数が小学校において失われた．
- 他のあるヨーロッパの国では，体育の時間はこの10年間で週3時間から1時間に減ってきている．すなわち，義務教育年限において537時間から460時間に減少してきている．学校におけるスポーツデイがなくなり，学校におけるトータルな運動量は約1/3に減少している．
- ラテンアメリカのある国の中学では，体育は週3回から2ないし1回に減らされている．

4）教師教育

小学校における体育教師は専門教育を受けていないことがあまりにも多い．あるものは体育の授業を管理された遊びとして行う．通常体育は，体育の専門教育をあまり受けていない．あるいは全くなされていない学級担任によって教えられる．中学校レベルではかなり訓練された教員がいるが，しかしながら多くの体育の授業は未だに専門教育を受けていない教員によって行われている．

- 平均すると大学院で23時間，学部レベルで32時間．しかしあるものは7.5時間しか，専門教育を受けていない．

5）資源

政府関係省庁の財政縮小に伴い，体育への財政支出は不当に削減されている．その結果体育プログラムは，質・量ともに損失を被っている．施設数やその維持管理状況は，世界中どこでも不十分である．世界的には，わずかに31%の国で施設が整っているに過ぎない．先進国以外の国においては十分な施設の提供を試みている．しかし，体育の制度が整っている国においても貧困な維持管理と施設の破損が報告されている．

- ヨーロッパでは資金減のために体育の時間数が減少している州がいくつかみられる．これは国が定めた教科の最低限度の条件を犯す法律違反なのだが．
- アメリカのある州のある学校では「多目的ルーム（ランチルームであり，講堂であり，体育館）のように施設が共有されているため，施設の利用が制限されている．郊外のある学校では体育館が無く，屋外スペースも狭い．
- 一方，アメリカの他の州では，ある教師は「夏中，体育館のスペースが無かった（彼らは体育館の1つを図書館に変えてしまった）．たくさんの生徒がおり，カフェテリアで授業を行わざるえなかった．」と語っている．

結局，今回の調査では将来の学校体育に関して世界的な広がりでの懐疑説と悲観論が存在することが示唆された．体育は守勢に追いやられている．カリキュラム時間の削減，不十分な財政的，物的，人的な資源をもたらす予算管理，教科としての低い評価など，様々な困難に直面している．今もなお，政府は体育を周辺的で価値のないものとしている．

しかしながら，これらの問題にもかかわらず，世界各国で多くの良質の実践が展開されている．どのケースも質の高い体育はよく訓練され優れた技術を備えた教師によって導かれているのである．

- すでに自ら気づいているように権威が失墜し，無用の長物のように扱われ続けるのであれば，体育はこの5年間に完全になくなってしまう危険がある．

3．第3回体育・スポーツ担当大臣等国際会議への要望

世界体育サミットにおいて，世界の80ヵ国から参加した政府の代表，非政府，政府間組織の代表および研究者総勢250人が，教育やスポーツ担当大臣および政府高官へあてた「ベルリンアジェンダ」およびその「行動への呼びかけ」に賛成した．

「行動への呼びかけ」はMINEPS IIIに参加する高官にベルリンアジェンダに賛成するよう求めている．（付録1）

そして，「行動への呼びかけ」は政府指導者に次のことを実行するよう求めている．

- すべての子ども達にとって基本的な権利である体育を実現できるような体育の政策を実行すること．
- 良質の体育授業は高い資質の教員ときちんとカリキュラムに位置づけられた時間によって決まると言うことを認識すること．用具のような資源が十分供給されていない場合でも，教員と時間配分の条件によって良質の授業を行うことは可能である．
- 教員の養成および研修プログラムそして教員の開発・発展のために投資す

ること．
- 体育授業の効果と質の向上に関する研究を支援すること
- 国際的な財政支援組織と協働し，それらの組織が支援すべき教育の一部に体育が含まれることを保証すること．
- 身体的な健康，全人的な発達，安全で支援的なコミュニティ実現に向けて体育が際だった貢献をすることを認めること．
- 体育が十分に行われないことによって，体育に必要な投資以上にヘルスケアのコストがかかるということを認識すべきであること．

4．理論的根拠

世界各地から示された科学的な資料が首尾一貫して示すように，良質の体育はすべての人々，なかんずく子どもや青年の広範囲な欲求に対応することができる．

1）良質の体育
- 良質の体育はすべての子どもに，生涯にわたって身体活動やスポーツに参加できるようにするための，技術，態度，価値，知識・理解を提供するもっとも効果的で包括的な手段である．
- 心・体そして精神の統合的で調和のとれた発達を保障する．
- 身体，身体活動，身体的な発達そして健康に主たる焦点が注がれている唯一の教科である．
- 子ども達が，様々な形態の身体活動を身につけ，身体活動に対する興味を育むのを助ける．これは，健康的な発達にとって必須であり，成人からの健康的なライフスタイルの基礎でもある．
- 自身とそして他者の身体に対する尊敬の念を培う．
- 健康増進における身体活動の役割の理解を促進する．
- 子どもの自信と自尊心を培う．
- 競争と結びつけて勝利と敗北，協力と共同等の社会性を発達させる．
- 成長しつつある労働市場である，スポーツ，身体活動，レクリエーションとレジャーの分野で将来仕事をするための技能や知識を身につけさせる．

2）研究成果

1999年の世界体育サミットでは，世界各国からの参加者が，体育の便益そして健康的で行動的な子ども達の成育に果たす体育の重要な役割をめぐる研究成果を発表している．

体育・スポーツの便益
- 自尊心を強化し危険な行動を減少させる
- 少女にとって早期の性的な活動および十代の妊娠の可能性を低くする
- 学校に対する否定的な態度やドロップアウトを減少させる．
- 重要な職業教育前の教科である．
- 健康の改善，悪い姿勢，移動の仕方，バランスの悪さから生じる障害の予防
- 学業成績の向上
- 明確なターゲットと成果を伴った構造的な活動の経験を提供する
- 抽象的概念すなわち，スピード，距離，深さ，力，飛翔，フェアネス，等のよりよい理解を促す
- 集中と参与の提供

(M. Talbot, World Summit on Physical Education, 1999)

体育の中でも身体的な領域が強調するのは(1) 運動技能の教育と指導者の監督の下でこれらのスキルを練習する機会があること，(2) 体力の育成と向上，(3) 学校において定期的に身体活動を提供する，ことである．(R. Malina, World Summit on Physical Education 1999)

(1) 積極的な健康への効果

a) 子どもの時の積極的なライフスタイルがその後の健康に直接便益をもたらす (S. Blair 1999)
b) 主に現代的な技術開発(自動車，エレベーター，コンピュータ，テレビなど)に伴い，ほとんどすべての文化領域で，子どもも大人も身体を動かすことが少なくなってきている．いくつかの文化においては，無活動とその結果生じる肥満や疾病が危機的な状況に達している．(C. Koop 1999)

c) 最近の科学研究は，フィットネスが喫煙を含む他の要素よりもはるかに健康的な長寿に貢献するということを示唆している．適切で規則的な活動は高血圧症，心疾患，ガンそして神経疾患等に陥る危険を軽減する．(C. Koop 1999)
d) 運動の減少傾向は，慢性病の重荷，負担を増加させる可能性を持つ．それは，間接的には増加する肥満を通して，直接的には独立したリスクファクターとして機能する．(O. Bar Or 1994)
e) 筋肉と骨の強度および関節の柔軟性は，毎日の仕事の遂行に必要な調整力，平衡性，運動能力を生み出すために重要である．これらの要素は本質的には加齢とともに低下し，加えて身体活動量の減少に影響されるものである．(World Forum on Physical Activity and Sport, Quebec 1995)
f) 身体的(心肺機能疾患，糖尿病，ガン，肥満症，骨粗鬆症)そして精神的(抑うつ，ストレス)疾病の予防に対する身体活動の効果の他に，身体活動，ゲームそしてスポーツは社会生活を豊かにしたり社会的な相互作用を営むために必要な技能向上に対して重要な貢献を果たすものである．(World Forum on Physical Activity and Sport, Québec 1995)
g) 身体活動は不安，抑鬱，自尊，そして認識方法に好ましい影響を与える．(S. Biddle 1995)

(2) 認知的な発達と学業成績の向上への効果
a) 多くの研究が，子ども達のカリキュラムに運動を加えることによって，他教科の時間数を減らしても標準テストの成績低下は起こらないし，多くの子ども達の学業成績に改善が見られたことを明らかにしている．(R. Shephard 1997)
b) 6歳から12歳を対象に週5時間の運動を課した子どもと週40分の運動を課した子どもを比較した場合，運動量の多い子ども達の方が学業成績が優れているという有意な結果が示されている．(R. Shephard and R. Lavelle 1994)

(3) 経済的な効果
a) 体育をおざなりにすると，体育を実施するよりもずっと多くのコストがかかることになる．……定期的に運動をしている人の33%だった参加率が25%増加すると，1995年における7億7,800万ドルの医療費コストを削減するだろう．また，生産性を1～3%高めれば，投資された費用1ドル当たり2～5ドル

の生産が得られる．この程度の影響を及ぼすようになるレベルまで身体活動を増加させるための刺激となる直接的なコストはわずか1億9,100万ドルに過ぎない．

b）人生において1年間病気の期間が短くなることによって，ニューヨーク州だけでも医療費が30～50億ドル節約できる．（R. Feingold 1994）

c）EUのGNPの1.5%がスポーツやレジャーのための費用である（Europian Union 1998）

d）英国ではスポーツやレジャー関連の仕事は，自動車産業や農業，漁業そして食品を合わせた仕事より多い．（Sport Council London 1997）

（4）統合への効果

体育は特に次のような，少女や女性，特殊なニーズを持つ人達，カルチャーグループにとって重要である．
- 身体的なスキルを学ぶ上で学校体育に対する依存度の高いグループ
- 保護者の支援や文化的支援を受けながら，学校を安全で，自らの身が守られる場所と考えている人々
- 地域社会や民間商業セクターが提供する機会に縁遠い人々

a）特にこれらのグループに対して体育教師（特に女性教師）は強力な役割モデルとなり得るし，体育は成人時に得る職業に対しても影響を及ぼすことができる．学校体育の喪失はこれらのグループに対して最も強い大きな影響を与える．

b）学校や地域社会において体育が盛んに行われることは，子どもの健康に関する制約の一つを除去する事になる．特に低所得者層の子どもにとって．

c）良質の体育はあらゆる側面において平等である．（ジェンダー，文化，人種，能力）

5．良質の体育授業

世界体育サミットにおいて良質の体育の奨励が宣言された．このセクションで

は良質の体育経験の必要性や構成要素について述べよう．

体育は次のことを求める
- 小学校から高校に至るまでよく教育された質の高い教師
- すべての青少年のために教育課程に体育の時間を盛り込むこと
- 施設用具や運動空間
- 良質の体育を提供する教師および学校へのサポート
- 放課後のスポーツやダンスへのサポート
- 体育は「動くために学ぶ」（参加に必要な技術や知識）と「学ぶために動く」（学習方法の１つとして身体活動）の両方の意味を持つことを理解すること

すべての青少年は，能力や国籍，文化，物質的な環境に関係なく，
- 身体的に成長し，成熟することが必要
- 身体を活発に動かしたいという性質を持っている
- 大人にならねばならない前に子どもであることの経験が必要
- 活動を通してよりよく学ぶ
- 楽しさと達成に最良に呼応する

効果的な体育は次のような特徴を持つ
- 子ども中心：焦点は子どもに当てられておりスポーツにではない．このことは，子どもは一人一人が固有の存在価値を備えているし，そのように扱われるべき存在だからである．活動は学習者のペースで進められるべきであるし，個々の子ども達の個人差も配慮されねばならない．
- 積極的な環境の創造：教師は意欲をわかせる原動力である．教師は，単に活動を計画するだけでなく，教師と学習者間の肯定的な関係づくりを行う．
- 自律的な学習者育成に向けての技術や知識の保証：全人として発達していく中で，すべての学習者は能力や技術のレベルに関係なく学ぶことができる．体育はそれぞれの生徒に選択する機会を提供し，自学自習を支える価値観や態度を育成する．
- 人権，男女同権，平和教育は，体育的活動の担う重要な課題であり，同活動中に提示されることを通して強化されうるものである．

「学校はすべての若者に開かれる．少年にも少女にも，身体的な強者にも弱者にも，社会的な特権者にも弱者にも．それ故に，社会的な不平等や崩壊を避けるこ

とができる．(D. Solomons, World Summit on Physical Education, 1999)」

　すべての学習者は，健康生活や安全な生活の方法に関する十分な知識を教育されるべきである．教育は生涯の過程であるので，健全な健康と運動実践は健康に関連する問題の発生を予防するとともに，学習者の生活の質を改善することができる．

　「体育は体力を向上させる場であり，運動能力を高める場である．加えて，体育の授業では若者が，自分に合った身体活動に対する興味関心を高める責任を引き受けることを可能にし，積極的なライフスタイルを採用する責任を引き受けることを可能にする．」

　「……不幸にして，公立学校，私立学校における体育の必修時間が常に減少しているのみならず，体育をカリキュラムに位置づけていない教育プログラムが世界中にみられる．さらに，我々は体育と競技を混同すべきではない．なぜならばそれらは同義語ではないからだ．子どもの成長から考えて適切な体育を通して身体活動を促進するというキャンペーンもその目的も，これほどまでに切実なことは未だかつてなかった．我々は必死で国際的な関与を喚起して，すべての子どもが成長し行動的で健康的なライフスタイルを維持するために必要な励ましと訓練，そしてサポートを受けることを保障する必要がある．」(N. Murray, 1999)

　「……子どもたちの身体を積極的に用いる健康と豊かさに十分貢献しなければ，我々は子どもにとってよりよい世界をつくるという義務を果たすことはできない．そのため，我々は指導者達にその実現に向けて努力させなければならない．」(B. Kidd, World Summit on Physical Education 1999)

1）賛同する声明や意見

　この部分では地方レベル，地域レベル，および国家レベルで体育を確立するために大臣や高官に情報源となる資料を提供する．その資料にはこれまでに発表された，国際的な政策声明文が含まれている．

① ユネスコ体育・スポーツ国際憲章
(UNESCO-The International Charter of Physical Education and Sport)

　第1条　体育・スポーツの実践は，すべての人に与えられた基本的な権利で

ある．
第2条 体育・スポーツは全教育体系の中で生涯教育の実現を保証する本質的な要素である．
第3条 体育・スポーツのプログラムは個人的・社会的な要求を満たさねばならない．
第4条 体育・スポーツのプログラムの教育，コーチ，そして経営は，有資格者によって行われるべきである．
第5条 十分な施設や用具は，体育・スポーツにとって必要不可欠なものである．
第6条 研究と評価は，体育・スポーツの発展にとって不可欠である．
第7条 すべての人のために，体育やスポーツの倫理的・道徳的な価値を保護することに常に強い関心を持つべきである．
第8条 情報や関連文書は体育やスポーツの振興に役立つ
第9条 マスメディアは体育やスポーツの振興に積極的な影響を与えるべきである．
第10条 全国的な組織は，体育スポーツに関して中心的な役割を果たす．
第11条 国際的な協力は，普遍的で調和的な体育の普及発展にとって必要である．

② World forum on Physical Activity and Sport, Québec 1995

　青年期の子どもに身体活動に参加することを奨励することは，彼らに好ましい健康習慣を確立し，喫煙や薬物使用を忌避させることに役立つ．身体活動によって，自己のイメージを高めたり，退屈さを除去することは，学級でのパフォーマンスを高めることに役立つだろう．

③ 世界保健機構（World Health Organization）

　学校体育の目的は，1）生涯スポーツの基礎を築く，2）学生の健康と安寧を開発・強化する，3）楽しみや喜びそして社会的な交流の機会を提供する，4）将来の健康問題（障害）を予防したり軽減することである．近年，世界各国のほとんどの学校がこれらの目的を達成できなくなってきている，その原因はカリキュラムに時間が規定されていないことと良質の体育授業を教えるための資源が不足していることにある．

根本的な理由は，若い人々に対して身体活動がもつ重要性を無視されていることである．これは，逆にいえば政策・意思決定者，教師，その他の専門家，親，その他多様な関係組織それぞれが，若い人々の現在および将来にわたる健康と安寧に対して身体活動のもつ価値やその効果を十分理解していないからである．

　学校は，次のことをすることができるし，またすべきである．1) すべての子どもや若者がきちんとした教育課程に組み込まれた体育の授業に，そして毎週数回規則的に一定の運動量を持った身体活動に参加できるようにすること，そして，2) 両親，同輩，コミュニティのリーダー，そして地域のスポーツ組織や社会組織の支援を得て，学校外のシステムにおいて多様な身体活動を提供すること．

　適切な専門家教育および研修機会が，関係者すなわち，体育教師，地域リーダー，コーチ，レクリエーション，ヘルスケア関係者などに提供されねばならない．目的は彼らの計画能力や指導能力を向上させるとともに，彼らを動機づけ，将来の指針を与え，若者の自信を培うことにある．

　「活発な学校は子どもたちが健康的でよりよく学ぶ学校であり，仕事のやりがいのある職場である．」

　Promoting Active Living in and through Schools-A World Health Organization Statement 1998

④ Global Vision for Physical Education 1996 (Statement by CAHPERDE and AAPHERD)

　あらゆる学年のすべての学生・生徒は継続的で活発な身体活動を経験する権利と機会をもつべきであるし，良質の，日常的な体育プログラムに参加すべきである．

⑤ Commonwealth Heads of Government Meeting-Committee on Co-operation Through Sport

　体育は

　　―すべての教員養成プログラムに組み込まれるべきである．
　　―優先的にトレーニングされるべき教科であるべきだ．
　　―カリキュラムに必ず組み込まれるべきである．
　　―施設用具のための寄付を引き出すべきである．

⑥ 3rd Interntional Olympic Forum for Development 1998, Malasia

　第3回開発途上国のためのオリンピックフォーラムは……開発の手段としてのスポーツの役割を分析し，それによって国内的にも国際的にもスポーツや体育に対する投資が必要であることを強調する．

⑦ All African Pre-Game Scientific Congress, September 1999

　アフリカスポーツ最高会議（Supreme Council for Sport in Africa）の確認とともに，代表による支持と承認によって，次のことが受け入れられた．

　Action Plan-Prefatory Statement　序文

　「体育は継続的な運動参加の基礎として認識されるべきである．学校体育はスポーツの発展にとっても最も重要な側面を持っているものと見なされるべきである．もし身体を動かす習慣が学校において培われたならば，子どもは学校の外でも，学校卒業後も，もっと運動に参加するようになるだろう．」

　参加者は「……教育およびその関連領域に関わるすべての政府組織，政府間組織，非政府組織が，体育の凋落傾向を阻止する措置を執ることを，そして体育を促進することを要求する．」

⑧ 3rd International Conference for Women and Sport (Association for Arab Women and Sport), October 1999

　次のような宣言が参加者によって承認された

　「アラブの女性の体育は，女性が学校体育から恩恵を得ていることをよしとしない否定的な態度に苦しめられてきた．こうした体育が，アラブ女性の生活や将来の一部なのだ．スポーツ活動の実践に必要な人的，物的資源や専門家が不足していること，女性の体育に責任のある人々の関心が低いこと，これらの現状を踏まえて，この会議では次のような宣言をする．アラブ女性のための学校体育のスタンダードをつくろう」

⑨ National Children's Agenda, Canada, 1999

　「国として，我々は情緒的にも身体的にも健康で，安心して生活でき，うまく学習でき，社会と関わり責任を持てる子どもをもつことを熱望する．」

結　論

　体育に関する世界的な調査および国際的な研究は，体育の現状を人々に伝え，その状況改善に必要な資源確保に向けて，実にたくさんの挑戦がなされていることを示している．たいていの政府機関は限られた資源の中で膨大な数の要求にバランスよく対処すべく大変な努力をしている．しかしながら，体育が教育計画の中の重要な一部分として取り込まれなければ，その結果として長期にわたり多方面にわたる重大な影響を残すだろう．

　体育は，たくさんの健康上の恩恵，社会的・知的・経済的な便益をもたらす．体育は消費の分野，特に健康において，ROI（投資に見合う利益）をもたらすことができる．この報告書に盛り込まれたたくさんの体育の成果に基づいて，我々は，この第3回国際会議（MINEPS III）の参加者に，ベルリンアジェンダを承認すること，国家レベルであるいは地方レベルで勧告を実現することを求める．

　共同することによってすばらしいことができる—我々の最も貴重な資産である—子ども達や若者達のために．

　これは国際的行動，地域での行動，そして各国での行動が求められる国際的な問題である．

付録3 第3回体育・スポーツ担当大臣等国際会議 (MINEPS III)
Punta del Este, Nov. 30-Dec. 3, 1999

プンタ・デル・エステ宣言

1. 新世紀の入り口に際して，第3回体育・スポーツ担当大臣等国際会議（MINEPS）は，1999年11月30日から12月3日に Punta del Este（ウルグアイ）で開催された．真のグローバルな共同と相互理解をめざすという精神のもと，世界中の政府，政府間組織ならびに NGO，さらには個人の結集を意図して参加者達は，この宣言を採択した．
2. 大臣達は，体育とスポーツが教育の継続と人間ならびに社会の発達にとって不可欠の要素であり，それを統合するものとしてもつ意義を繰り返し説いていた．また，移民があらゆる国でみられるようになった今日では，これらの活動は，社会的な結びつき，相互の寛容ならびに異なる民族や文化的マイノリティの統合にも寄与しえる．大臣達は，ユネスコ（the United Nations Educational Scientific and Cultural Organization）が国連システム内で体育とスポーツの核として重要な機能を担っていることを強調した．
3. このグローバリゼーションの時代に大臣達は，南北の対話を新たに展開していく努力の必要性を指摘するとともに，富める国や国際的な財政援助を行っている組織に対して，体育・スポーツが発展途上国と先進国のギャップを埋め，公的な発展援助のプログラムを通してその実現に必要な資源を提供していくことを可能にする強力な道具であることを認識するよう求めた．彼らはまた，教育，健康ならびに環境と同じレベルで，体育・スポーツを国連の発展援助プログラムにあげている人的発達指標（Human Development indicators by the United Nations Development Programme, UNDP）とするために，ユネスコの援助が必要であると訴えた．

4．エリートスポーツとみんなのスポーツの発展にもかかわらず，彼らは，子ども達が体育の授業を受ける機会が著しく減少していることに関心を示した．学校で体育の授業のために設定された時間数は今まで尊重されたことがない．それどころか，優先事項が変化するに伴い，多くの国々では実質的なそれの削減現象がみられる．彼らによれば，体育プログラムの削減は，青少年の非行の増加ならびにそれに伴う医療費や社会的費用の増加という現象を生み出しているという．国際レベルで実施された研究成果によれば，身体活動に＄1投資すると医療費が＄3.2節約できるという．このコンテキスト内で彼らは，1999年の世界体育サミットで採択されたベルリンアジェンダを支持した．また，加盟国に対しては，体育・スポーツが学校内のプログラムと連携したり，あるいは，最低限，体育・スポーツを尊重しながら学校カリキュラム内での体育を尊重した法的な措置がとれるように求めた．

5．大臣達は，世界中で実質的な進歩がみられるにもかかわらず，参加者，コーチ，審判ならびに意思決定者に女性が少ないと指摘した．彼らは，加盟国やスポーツ組織に対して，1979年に国連で採択された女性差別撤廃条約ならびに1994年の女性とスポーツに関するブライトン宣言を活用しながら，地方，国家，地域のあらゆるレベルで体育・スポーツへの女性の参加を促す行動を起こすように勧めた．

6．大臣達は，生涯スポーツの重要性ならびに高齢者や障害者もスポーツや身体活動を行えるようにしていくことが重要であることを強調した．

7．大臣達は，スポーツが倫理的な価値をもつことを強調するとともに，発展途上国ならびに先進国双方に対して，スポーツ場面でのドーピングを含め，非倫理的な行動撲滅に向けて共に戦っていくように促した．彼らは，総じて世界アンチドーピング機関（the World Anti-Doping Agency, WADA）を設置したIOCの主導性を評価するとともに，WADA内で果たす各国政府の役割とスポーツの世界からドーピングを排除することの重要性を強く指摘した．彼らはさらに，発展途上国にみられるスポーツ内でのドーピング反対運動を援助するように促した．また，この領域では，ユネスコは，情報提供と教育に関して特に重要な役割を果たすべきであるとした．

8．大臣達は，「世界中の伝統スポーツとゲームのリスト（worldwide list of tradi-

tional games and sports)」を含めた地域や国家内の文化遺産を踏まえた伝統的な土着スポーツの保護と発展に関する政策を支持するとともに，地域や世界の祝祭の維持を促していく政策を支持した．
9．大臣達は，体育とスポーツがあらゆる国の社会的，経済的な発展を生み出す中心的な役割を果たすとの前提のもとで，グローバルな規模での共同を促す触媒的機能をユネスコが次世紀に果たすべきであると指摘した．彼らは，他の国連の専門機関やIOCと連携しながら，発展途上国に対する広範な財政的，経済的支援プログラムを提供するように促した．
10．大臣達は，体育とスポーツの分野でのユネスコ事務局の構造を強化し，十分な人的，財政的援助を提供するよう，ユネスコ事務局長に求めた．
11．大臣達は，政府間体育・スポーツ委員会（Intergovernmental Committee for Physical Education and Sport）（CIGEPS）の援助のもとで加盟国の上級職員による地域での定期的会議開催を促した．
12．確実に前進していくために大臣達は，ユネスコの第31回総会でMINESPE IIIに対してどのようなフォローアップ行動がとられているのかを報告する体育，スポーツ担当大臣のラウンドテーブルを開催するよう，ユネスコ事務局長に求めた．
13．大臣達は，体育，スポーツを社会的な結びつきや民主主義を実現していく道具としてその普及，発展を促していく際にNGOの果たす役割の重要性を認識するとともに，加盟国が体育，スポーツに関するプログラムや政策を発展させていく際にNGOとの協力関係を強固にしていくよう促した．
14．彼らは，体育，スポーツが国家やその国民の安寧に及ぼす，極めて重要な社会的，経済的な効果を公衆に気づかせる際にメディアが極めて重要な役割を発揮していることを強調した．
15．大臣達は，ともに情熱を傾けて，スポーツの援助を受けながら平和な文化を構築するとともに，最高の政策レベルで自分たちの努力に対する援助を受けられるようにすることを再確認した．彼らは，国連総会で，オリンピック停戦に関する決議に対する合意が得られたことを歓迎するとともに，オリンピック期間を超えて平和，対話ならびに和解を勧めていくことを再確認した．
16．大臣達は，ユネスコ事務局長にPunta Del Este宣言を国連の事務局に送付す

るように求めた．その結果として，平和の文化のための国際年の体制(2000)ならびに世界の子ども達のための平和な文化と非暴力の国際10年（2001-2010）に取り組むプログラムに宣言が取り入れられる可能性があることがその理由である．

付録4

プンタ・デル・エステ宣言
第3回体育・スポーツ担当大臣等国際会議 (MINEPS III)
Punta del Este, Uruguay, Nov. 30-Dec. 3, 1999

提 言

Commission I　持続的な経済発展と体育・スポーツの貢献

　肥満，心疾患，高血圧，ガンそして神経性疾患といった寿命に強く関係する諸疾患を減少させることによって健康の改善に体育やスポーツが果たす役割を考えること．

　将来へ向けて，体育やスポーツに投資するという政策は特に開発国においては新しい仕事の創造につながることを，そしてそれゆえに，失業や貧困と闘い生活水準の向上を促進することを重視しよう．

　職業の創造は，コミュニティの弱者との経済的な統合に貢献するということ，そして，社会的な緊張緩和を助けるものであることを明記すべきである．このようにして，平和文化の枠組みにおいて社会-経済的な発展に不可欠である平和的な社会的風土を維持すること．

　開発の程度は体育やスポーツに直接影響を持つことにも注意しよう．そして体育やスポーツの未開発・未発展は低開発（未開発）の特徴であり結果であることに注意しよう．

　特に低開発国においては，体育やスポーツへの投資は労働力，スポーツの領域で働くメディアや企業，環境の開発と保護等に関する質的，量的な改善を促すことを明記する必要がある．

1．州や政府の指導者達に対して，体育やスポーツが国家の総合的な発展に貢献する事を強調する研究やデータに関心を持たせるようにすることをユネスコの事務局長に要請する．

2．加盟国に対して彼らの国家政策の中で体育，スポーツそしてレジャー活動に高い優先順位を与えるよう促す．
3．TMSCOの事務局長に要請して，健康，教育，観光・ツーリズム，経済その他関連する領域の人々の国際的なフォーラムの関心を引きつけて，それぞれの領域に対する体育・スポーツ，レジャー活動の重要性を意識させる．
4．ユネスコ事務局長に要請して，体育，スポーツそしてレジャー活動をより一層発展させていくために，国際的な組織，特に財政機関に対し，その重要性をより意識するように促す．
5．国際的な財政機関に対して体育や（トレーニングやレクリエーションとして行われている）スポーツを，健康や教育を対象とした基金といった新たなコンテキスト内での社会的投資とみなすように，また，負債免除といった別の形で支援するようにユネスコ事務局長から依頼するように要請する．
6．加盟国に体育やスポーツの分野における人的資源の向上と施設や物的資源の改善をねらいとした投資を増加させることを求める．
7．加盟国に，体育の授業の質の改善と体育の授業時数に充当すべき時間数の増加が健康や安全に費やされる膨大な経費の削減につながるということを常に銘記するように求めるようにする．
8．さらに将来へ向けての要求として，政府がスポーツの用具に対する免税措置を講じることやスポーツ用品を製造しているビジネスの促進や開発を援助することを求める．

Commission II　体育とスポーツ，それは教育への権利の統合的な部分であるとともに，基礎的な要素であり，生涯教育の過程である

　体育とスポーツは人間の発達にとって基本的な権利であるとともに，必須の要素であるということを意識しよう．

　UNESCOの国際的な体育・スポーツ憲章を実現するための実践行動が必要であることを意識しよう．

　ベルリンで行われた世界体育サミットの成果とそこで推奨されたことを常に心にとどめよう．

　体育やスポーツが，世界中のすべての子どもと若者にとっての基本的な権利と

してもつ意義を意識すること，そして，生涯を通じて活動的で健康的であるように人々を促すものであることを意識すること．

体育やスポーツは，生涯教育の統合的な部分として，能力や障害の有無，性，年齢，文化，人種や民族，宗教や社会的な背景に関係なく，すべての人々の生活の質や健康と福祉向上の手段として必須のものであるということを再確認すること．

体育とスポーツは，読み書き能力や理数系の基礎知識のような基礎的な教育技術を含んだ認知的，学問的成果を向上させるとともに，社会性を向上させることができることを強調すること．

体育とスポーツは，健康管理コストを節約すること，暴力や少年犯罪を予防すること，その他関連の社会的なサービスによって直接的な財政的利益をもたらすことを明記すること．

体育は，職業として拡大傾向を示している，身体活動，公衆衛生，レクリエーション，スポーツ，レジャー領域における雇用のためのスキルと知識を与えるということを意識する．

体育とスポーツは，フェアプレー，相互信頼，男女平等，連帯と人間理解といった平和な文化創造にとって欠くことのできない精神の倫理的・社会的な基礎を与えるものであることを再確認する．

1）人間の権利としての体育とスポーツ

1. ユネスコ加盟国に対して，教育，青少年やスポーツへの責任を負う各国政府首脳の実行や，ベルリン・アジェンダの勧告を実行するためのベルリン・アジェンダを支持するよう求める．
2. ユネスコ加盟国に対して，体育・スポーツを促進し，科学的な基礎に基づいた十分な時間とカリキュラムを提供することを，そして，教育機関を通じて良質の体育授業が提供されるための資源を整備することを求める．
3. ユネスコ加盟国に対して，体育のプログラムの効果と質を改善するための研究を支援するよう強く要求する．
4. ユネスコの理事に対して，生涯学習に不可欠な体育の促進や発展のために政府間組織やNGO（非政府組織），公的機関や民間組織，そして国際通貨機構

を関与させるように強く要求する．
5．ユネスコの理事や加盟国に対して，事前の会議で可決されたプンタ・デル・エステ宣言とそれが推奨する活動を展開したり，それらの履行をチェックするために必要な人的資源と財務的資源を割り当てること，そして体育・スポーツ政府間委員会（CIGEPS）の業績を十分に活用することを要求する．

2）各国の伝統的なゲームを促進し，保護する

そのために，体育・スポーツに関する国際憲章の中で重要視されている原理・原則や，CIGEPS の対策をもう一度再認識する．

伝統スポーツ世界フェスティバルが，国際トリム・フィットネス生涯スポーツ協議会（TAFISA）の主催，ユネスコの後援で，2000 年の 6 月に開かれることになっている．ハノーファー万博とも関連して，このことが世界規模で，伝統的なスポーツや地域固有のゲームや身体活動に関心を引くことに役立つだろう．したがってそれは，以下のようにして伝統的スポーツやゲームの保存に対して重要な貢献をする．

1．加盟国に対して，国家的なレベルの伝統的なスポーツや競技会と，地域的なレベルの伝統的なスポーツや競技会の両方を，組織化し，支え，伝統スポーツ世界フェスティバルへの参加の機会をつくるように求める．
2．CIGEPS に対して，関連のある地域や国家の集まりやネットワークの支援，NGO や関係のあるすべての機関の支援を受けて，伝統的な競技会やスポーツに関する世界規模のリストをつくることを要求する．そしてユネスコの理事に対して，学問上の専門家のみならず，既存の，もしくは将来できるであろう地域や国家の集まりやネットワークの協力を得て，将来的に，中・長期的計画によって進められる国際的な伝統的競技会・スポーツに関する憲章を作成する上で必要な，世界の伝統的な競技会やスポーツ政策を整理するように要求する．

3）人の発達への体育・スポーツの貢献とその評価方法

ユネスコとその加盟国に対して，ODA を拠出するすべての国家や機関が，教育的，経済的，社会的発展のための道具としてスポーツや体育を使うプログラムや

活動に対してODAを受け取ることが妥当であると認めるように計らうための最善の努力をするよう，強く迫る．またODAを拠出する国や機関に対して，混乱後の復興期にある地域や，自然災害から復興しようとする地域を重要視して，ODA拠出のための特別な予算を組むように，強く求める．

4）スポーツの倫理的な価値を保護するセーフガードにメディアを積極的に参加させる方法

　特に映像やその他の現代的な教育の手段を通して，親や，児童・生徒，アスリート，スポーツを支える人たち，そしてすべての人がスポーツの倫理的価値や，人の姿勢や生きかたにつながるフェア・プレーの目的に興味を持てるようにすることを求める．この観点から，関連するすべてのスポーツ団体とメディアの協力の下に，CIGEPSは先導的役割を担うべきである．

5）スポーツに関わるすべての種類の暴力に対抗すること

　特に過剰に熱中するサポーターたちへの監督・指導をはじめとした，スポーツ内部やスポーツの周りにある暴力を根絶するために始められた，新しく画期的で実用的なスポーツプログラムを推奨する．例えば，友好的なスポーツ・イベントやスポーツ活動は人々の団結の助けとなる．

6）体育・スポーツの倫理的価値についての教育や責任

　ユネスコの加盟国に対して，教育システムのすべての段階に体育・スポーツの社会倫理的側面の体系的な教育を位置づけることを強く求める．そして加盟国に対して，倫理的マナーに即してスポーツができるように，親や教師，コーチ，そして行政のスポーツ担当者の責任を強化するための適切なプログラム設置を強く求める．

7）組織化されたスポーツや個人によるスポーツへの参加の促進

　ユネスコ加盟国に対して体育・スポーツ活動の組織化や経営・管理への参加や，自主運営に携わるように促す．

Commission III 国家的，地域的，国際的レベルでの体育・スポーツの分野における新しい形の協力と協議

　体育・スポーツにおける国際的な協力関係を強化するために，量的にも質的にも必要不可欠なことが何かを検討する．

　特に養成や普及，そして情報の交換に関しての先進国と発展途上国との間のギャップをうめることが早急に必要であることを考慮に入れる．

　スポーツや体育の普及に重要な役割を担うためのユネスコの潜在能力を意識する．

　スポーツや体育の恩恵や貢献を無にしてしまう恐れのある倫理的問題点を解決する必要があることを認める．

　特に CIGEPS と FIDEPS のようなユネスコの構造を改良することが，地域的，国際的な協力を強めるために必要であることを意識する．

　MINEPS Ⅲの推奨することを確実に実行していくことが必要であり，そのためには意志が必要になることを認める．

提　言
1）スポーツにおける倫理的行為
　1.1　MINEPS Ⅲはユネスコの加盟国やスポーツ組織に以下の点を要請する．
- ドーピングについての体系的な教育や情報を高めていくこと，特に若い世代において．
- スポーツの実践のすべての場をドーピングから守るための必要な手段を講じること．
- 必要な立法上，行政上の手段によって守られた国内での統一的なアンチ・ドーピングの基本方針を策定し，それを実施すること．
- すべての地域からなる集合体がアンチ・ドーピング会議に同意するよう計らうこと（ETS No 35, Strasburg, 16 November 1989）．
- 新しく設立された WADA を全面的に支援すること．
- そしてその活動に参加すること．

　1.2　CIGEPS は，「倫理的行為」の定義に関する一般的理解を促す一連の原則を

設定していく．これらの原則は以下を含むべきであるが，限定されない．
- ドラッグが使用されない試合であるスポーツ
- アスリート，コーチ，運営委員，ボランティア，そしてスポーツ組織が悩み，悪用することのないスポーツ
- フェア・プレーの精神に貢献するスポーツ
- アスリート，コーチ，運営委員が，まず健康で，安全に，そしてよりよく生きることができるスポーツ
- 参加しやすく，辞めやすいスポーツ
- スポーツは参加者のものであり，スポーツを創るための主導権や資源の中心は，スポーツ・サービスを積極的に受け取る人である．
- スポーツは楽しいものであり，すべての参加者の全人的な発達に貢献する．

1.3 禁止されている物質に頼ることなく運動能力を改善するために利用される，スポーツ医学によって支えられる良質のスポーツや体育のプログラム

2）MINEPS IIIの勧告を実行するのを援助する構造

2.1 CIGEPS と FIDEPS は，緊急の問題として，加盟国にユネスコ内での彼らの役割を知らせる．

2.2 MINEPS IIIの勧告への追跡調査を保証するため，政府，各国のユネスコ委員会，各国のオリンピック委員会が加盟国の中でともに働く．

2.3 MINEPS III会議で決議されたことを実行するために，地域組織，さらに下位の地域団体が必要である．

2.4 ASP（連合学校プロジェクト）に指定されている学校は世界の平和の促進のためにも，会議で決まった目標の実行に寄与すべきである．

2.5 国際協力に大事な役目を果たす為にも，国際学校スポーツ連盟にユネスコの仕事に参加してもらう．

2.6 1999年に開かれたMINEPS III以降の成果を評価するために，全体会議でMINEPS IVの開催を検討する．

2.7 州と政府の役人は国際会議やサミットの協議事項に平和のためのスポーツ，個人や集団を成長させるスポーツを加えるべきである．

3）インフラ基盤と設備

3.1 途上国での学校の改修や，建設プロジェクトに対する，ユネスコ加盟国の間での双方向かつ多数国間での合意が必要である．

3.2 先進国は使用状況の良い中古の資材や人的資源を途上国に援助する．

4）途上国への援助

4.1 「ギャップをうめること」は，特に小さく貧しい国において特に，加盟国によって練られた実用的で包括的な，時間の枠を設けた実行段階であるMINEPS Ⅲの10条で定められたことと関係している．それは次のような適切なユネスコの構造によって調整される．
- 体育・スポーツのために使われたお金（資材，人材育成，設備投資）のためにできた借金の救済対策

4.2 ユネスコ自体が途上国と先進国のギャップを小さくすべく，動き出している．特に小学校，中学校での体育・スポーツに注目している．
- 研究報告のシェア
- 体育の重要性の奨励
- 体育・スポーツのカリキュラムの情報開示，発展
- 誰もができ，問題を見付け解決するという方法で，しかも楽しいものである新しい指導方法を確立した，認可されている体育・スポーツに関わる学会からの奨学制度
- 様々なスポーツにおける専門的な熟練したコーチによる対策

4.3 体育の発展を補助するためにユネスコは以下のことを可能にした．
- 健全な資材の無料提供
- 健全な体育のモデルを提供（障害児のためのものも含む）
- 相談事業をする組織のリストの配布

5）スポーツと体育の促進

5.1 大臣は伝統的なスポーツやゲーム，これらの国内外，地域のイベントの企画を維持，促進していく方針である．このことは，異文化交流を中心とした平和的交流のために不可欠である．

5.2 ユネスコは，健康で活動的な子どもの国連年を提案することにより体育・スポーツに対する国際的な関心を喚起するとともに，今年中に，各国の青少年の健康維持と運動を促進するための3段階からなる固有の行動を展開するように要請する．

5.3 ユネスコの影響や威信は，体育・スポーツの恩恵は文化や言語を超えるというメッセージ/スローガンと同様の全世界へ向けた声明を広めるためにあり，各国のメッセージと一緒に，スローガンを明確に表すという加盟国の間での合意を求めるためにある．

世界学校体育サミット
―優れた教科「体育」の創造を
めざして―

定価（本体2,000円＋税）

2002年11月15日　第1版第1刷発行　　　　　　検印省略

　　　　　　　　　監　訳・日本体育学会
　　　　　　　　　　　　　学校体育問題検討特別委員会
　　　　　　　　　発行者・太田　　博
　　　　　　　　　発行所・株式会社 杏林書院
　　　　　　　　　　　東京都文京区湯島4-2-1　〒113-0034
　　　　　　　　　　　TEL（03）3811-4887(代)
　　　　　　　　　　　FAX（03）3811-9148
　　　　　　　　　　　http://www.kyorin-shoin.co.jp

ISBN 4-7644-1568-2　　C 3037　　　印刷所・三報社印刷株式会社
Printed in Japan　　　　　　　　　　製本所・坂本製本所

・本書の複製権・翻訳権・上映権・譲渡権・公衆送信権（送信可能化権を含む）は株式会社杏林書院が保有します．
・**JCLS**＜（株）日本著作出版権管理システム委託出版物＞
　本書の無断複写は著作権法上での例外を除き禁じられています．複写される場合は，その都度事前に（株）日本著作出版権管理システム（電話03-3817-5670，FAX 03-3815-8199）の許諾を得てください．